DARC-2

장애예술인 창작물 우선구매제도 실행모델 연구

장애예술인 욕구에 기반한 정책 개발하는
장애인예술연구소
Disabled Arts Research Center

장애예술인 욕구에 기반한 정책 개발하는

장애인예술연구소
Disabled Arts Research Center

장애인예술연구소

- **소장 방귀희** 숭실대학교 사회복지대학원 겸임교수
- **연구위원**
  문학/ 차희정 경희대학교 후마니타스칼리지 외래교수, 문학평론가
  　　　박옥순 숭실사이버대학교 방송문예창작학과 외래교수, 아동문학가
  미술/ 박현희 성산효대학원대학교 예술융합학과 교수, 서양화가
  　　　김미경 홍익대학교 미술대학 교수, 서양화가
  음악/ 전소영 협성대학교 에이블아트 · 스포츠학과 교수, 서초한우리오케스트라 음악감독
  　　　김지현 가톨릭대학교 음악과 겸임교수, 코리안컬쳐리더스 대표
  무용/ 이미경 한국파릇하우스 대표
  　　　홍혜전 서원대학교 체육예술대학 교수, 홍댄스컴퍼니 대표
  연극/ 강보름 연극 연출, 접근성 매니저
  영화/ 유수현 숭실사이버대학교 방송문예창작학과 외래교수, 영화감독
- **보조연구원/ 이랑서** 경희대학교 일반대학원 예술경영 전공 박사과정

DARC-2

장애예술인 창작물 우선구매제도 실행모델 연구

「장애예술인지원법」 제9조2에서 규정하고 있는
장애예술인 창작물 우선구매제도를 어떻게 실행할 것인지
그 방법을 찾기 위한 연구를 장애인예술연구소에서 진행하여
그 결과를 발표합니다.

2023년 11월

장애인예술연구소

인생과 예술의 길이를 다시 재다

고대 그리스시대 의학자인 히포크라테스는 '인생은 짧고 예술은 길다.'라고 하였다. 이 명제가 아직도 유효할까?

그 유명한 프랑스 인상파의 거장 빈센트 고흐는 정신장애 속에서 800여점의 유화를 그렸지만 살아 있을 때는 단 1점밖에 판매가 되지 않았고 사후에 이름이 알려졌다. 척추장애인 툴루즈 로트렉의 '세탁부'는 2005년 미술작품 경매에서 당시 최고가인 232억 원으로 판매되었다.

바로 이런 경우 때문에 '인생은 짧고 예술은 길다'라는 명제가 공감을 얻었지만 오늘날 예술이 영원하다고 믿는 사람은 거의 없을 것이다. 예술을 소비하는 것은 사람인데 사람의 취향이 사회변화에 맞춰 바뀌고 있기 때문이다.

죽은 사후에 유명해지는 것보다 살아 있을 때 작품이 팔려서 경제적인 문제를 해결하고 싶은 예술인 또한 많을 것이다. 판매에 고전을 겪고 있는 장애예술인들은 더욱 오늘 당장 발목을 잡고 있는 경제적인 문제가 해결되기를 더 원한다.

그래서 「장애예술인지원법」 제9조2(장애예술인의 창작물 우선구매)에 '공공기관에서는 해당 연도에 구매하는 창작물의 100분의 3 이상을 장애예술인이 생산한 창작물로 구매해야 한다.'는 장애예술인 창작물 우선구매제도로 공공기관에서 미술품을 구매하여 곳곳에 설치하고, 장애인예술공연 티켓을 구매하여 관람하며, 장애문인이 집필한 도서를 구입하여 비치하는 등 적극적인 행동을 기대하고 있다.

우리 인생에 있어서 예술은 우리에게 위안과 기쁨이 된다는 것은 이미 누구나 경험했을 것이다. 그런데 그 예술이 장애인예술이라면 위안과 기쁨에 희망과 용기를 더해 준다.

장애인예술은 인생의 길이와 비례한다는 것을 꼭 말씀드리고 싶다.
　장애예술인이 갖고있는 장애라는 서사가 인생을 더욱 깊이 있게 만들어 주기 때문이다.
　따라서 장애인예술에 대한 길이 즉 가치는 다시 평가되어야 한다.

　이름 있는 작가의 작품만 구입하지 말고 장애미술인 작품으로 아이들 방을 꾸며 주면서 작가에 대한 설명을 해 주면 자라나는 아이들이 사람에 대한 기본적인 사랑을 갖추게 될 것이다. 가족과 함께 장애예술인 공연을 관람하고 나서 식사를 하며 공연에 대한 얘기를 나눈다면 선한 인성이 생길 것이다. 기념일에 장애시인의 책을 선물하는 어른들이 있어야 아이들이 정신적으로 성숙할 수 있다.
　인간의 허영심을 부추기는 상술로 예술조차도 명품을 찾는 사람들이 많은데 예술인이 최선을 다해 창작한 예술작품이야말로 최고의 가치가 있다는 것을 장애예술인 작품을 통해 공감하게 되기를 바란다.

2023년 가을에
장애인예술연구소 소장　방 귀 희

목차

표 목차

그림 목차

제1장

서론

Disabled Arts Research Center

제1절 연구 배경

'2020년 장애인실태조사'에 따르면 장애인등록을 한 장애인 인구는 262만 명이며, 장애인계에서 주장하는 장애인 인구는 500만 명으로 우리나라 인구의 10%라는 적지 않은 인구 집단이다.

이렇게 많은 사람들이 먹고사는 문제를 해결하기 위해 다양한 제도가 시행되고 있다. 그 한 가지 방법으로 근로장애인시설을 만들어 제품을 생산하였지만 자유경쟁시장 체제에서 판로를 찾지 못해 어려움이 컸기에 2008년 「중증장애인생산품 우선구매 특별법」이 제정되었고, 장애인 개인의 노동권 보장을 위해 2009년 장애인고용할당제를 기반으로 하는 「장애인고용촉진법」이 제정되었다.

그런데 이 제도의 사각지대에 놓인 장애인이 있다. 바로 예술활동을 하는 장애예술인이다. '2018년 장애인문화예술활동실태조사'에 의하면 장애예술인 인구를 3만 2천여 명으로 추산하였는데, 응답자의 72.3%가 문화예술활동에 경제적 한계를 느낀다고 하여 장애예술인의 창작활동이 경제활동으로 이어지지 못하고 있는 것으로 드러났다.

'2021년 장애예술인실태조사'에서는 장애예술인이 문화예술활동으로 발생하는 수입이 월 18만 원인 것으로 나타났다. 장애예술인가구 수입은 2020년 3,215만 원으로 2019년 기준 연평균 장애인가구 수입 4,246만 원의 75.7%에 지나지 않고, 가구 수입 중에서 문화예술 창작활동 수입은 연 218만 원으로 전체 수입의 6.8%에 불과하다. 예술인의 문화예술 창작활동 연 수입 695만 원에 비하면 3분의 1 수준이다.

장애예술인이 이렇게 경제적으로 어려운 것은 장애예술인이 개인적인 예술활동으로 생산한 창작물이 소비되지 않기 때문이다. 이 문제를 해결하기 위해 만든 것이 '장애예술인 창작물 우선구매제도'이다.

본 연구에서는 이 제도의 기초가 된 '중증장애인생산품 우선구매제도'와 '장애예술인 창작물 우선구매제도'로 활성화될 장애인기업의 지원사업과 국내외 장애인예술기업을 선행연구로 살펴보고, 이제 막 시작된 '장애예술인 창작물 우선구매제도'가 어떻게 시행되어야 할 것인지 그 방안을 제시하여 장애예술인이 예술활동을 통해 경제적인 안정을 찾을 수 있도록 하는 것이 연구의 목적이다.

제2절 연구 방법

초점집단 연구로 초점집단을 대상으로 인터뷰(Focus Group Interview: FGI)를 진행하였다.

• 목적: 장애예술인 당사자가 '장애예술인 창작물 우선구매제도'를 이용하는 데 발생하는 문제점은 무엇인지 찾아보고 장애예술인들이 원하는 우선구매제도 방식을 도출하여 합리적인 '장애예술인 창작물 우선구매제도' 마련

• 대상자: 〈2022장애예술인수첩〉에 수록된 장애예술인 중 예술 장르별(문학, 미술, 음악, 대중예술)로 2명씩 8명 선정

• 실시 방법: 2023년 8월 21일 오후 2시부터 6시까지 시각예술(문학, 미술)과 공연예술(작곡, 싱어송라이트 무용, 연극)로 나누어 각 2시간씩 대면 라운드테이블 형식으로 진행

• 내용: 장애예술인지원법 제9조의2(장애예술인의 창작물 우선구매)와 동법 시행령 제5조의2(장애예술인의 창작물 우선구매)를 기본으로 아래와 같은 연구 질문을 통해 장애예술인 당사자들이 원하는 '장애예술인 창작물 우선구매제도'의 실행 방안 모색

　연구 질문1 어떻게 실시 되기를 원하는가
　연구 질문2 어떤 어려움이 있을 것으로 예상되는가
　연구 질문3 이 제도가 어떤 역할을 하리라고 기대하는가

장애예술인 욕구에 기반한 '장애예술인 창작물 우선구매제도'의 실행 방안을 마련하기 위해 연구 질문1~3을 중심으로 인터뷰를 진행하면서 비구조화된 세부 심층 질문을 이어 갔다.

제2장

선행 연구

Disabled Arts Research Center

제1절 중증장애인생산품 우선구매제도

중증장애인생산품 우선구매제도는 일반노동시장에 참여하기 어려운 중증장애인들을 고용하는 생산시설에서 만드는 생산품 또는 동(同) 시설에서 제공하는 용역 · 서비스에 대한 공공기관의 우선구매를 의무화함으로써 중증장애인의 고용을 확대하고, 근로장애인의 안정적 소득을 보장하기 위한 제도이다.

□「중증장애인생산품 우선구매 특별법률」

2008년「중증장애인생산품 우선구매 특별법률」을 제정하여 2009년부터 시행되고 있다. 이 특별법 제정으로 장애로 인하여 경쟁고용이 어려운 중증장애인들의 경제적, 사회적 지위 제고 및 직업재활을 지원하고 소극적 수혜의 대상이 아닌 국민경제의 주체로 자립하도록 함으로써 중증장애인의 경제력 향상 도모 및 삶의 질 증진에 기여하고 있다.

• 중증장애인생산품 생산시설 지정
「장애인복지법」제58조 제1항 제3호의 장애인 직업재활시설
「장애인복지법」제63조에 따른 장애인 복지단체
「정신건강증진 및 정신질환자 복지서비스 지원에 관한 법률」제27조 제1항 제2호의 재활
  훈련시설

• 중증장애인생산품 생산시설 개요
우선구매 대상인 중증장애인생산품을 생산하는 시설로,「중증장애인생산품 우선구매 특별 법률」제9조에 따라 보건복지부 장관의 지정을 받은 시설이다.
 -지정 대상: 장애인 직업재활시설(보호작업장, 근로사업장), 장애인 복지단체,
          정신질환자 직업재활시설
 -지정 현황: 762개소(23.1월 기준)
 * 장애인 직업재활시설 567개소, 장애인 복지단체 187개소, 정신질환자 직업재활시설 8개소

• 중증장애인생산품 생산시설 지정기준

[그림1] 중증장애인생산품 생산시설 지정기준

• 중증장애인생산품 종류: 약 200여 개 품목

[그림2] 중증장애인생산품 종류

□ 중증장애인생산품 우선구매 운영

• 추진 체계

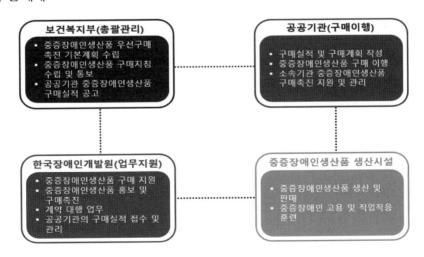

[그림3] 중증장애인생산품 우선구매 추진 체계

• 중증장애인생산품 우선구매를 위한 공공구매 방법

-일반 구매: 장애인생산품 판매시설 또는 중증장애인생산품 생산시설에서 구매한다.

-조달청 구매: 조달청 전자조달시스템을 통하여 구매한다.

-간접 구매: 해당기관과 계약한 일반업체 등에서 구입하는 중증장애인생산품도 해당기관 의 구매에 포함한다.

-수의계약 구매: 중증장애인생산품의 원활한 판매와 공공기관의 구매촉진 등을 지원하기 위하여 중증장애인생산품 업무수행기관이나 대통령령으로 정하는 이와 유사한 시설이 공공기관과 동(同) 계약을 대행한다.

• 우선구매 절차

[그림4] 중증장애인생산품 우선구매 절차

▷1단계: 우선구매 생산시설 현황 및 구매대상 품목 확인

① 꿈드래쇼핑몰(https://www.goods.go.kr/)

-처음 접속 화면 중앙 상단의 검색창을 활용하여 상품 및 상세정보 검색

* 생산시설 지정 현황, 생산품목 및 장애인생산품 판매시설 현황 등을 월단위로 공고
* 단, 품목 특성상 모든 품목 및 모든 시설이 등록 되어 있지 않음(기계장치 및 배전반 등)

② 보건복지부 홈페이지(http://www.mohw.go.kr/)

③ 한국장애인개발원 홈페이지(https://www.koddi.or.kr/)

④ 장애인생산품 판매시설: 17개 시 · 도 홈페이지

▷2단계: 중증장애인생산품 구매 방법 결정

중증장애인생산품 구매 방법은 아래 [그림5] 와 같다.

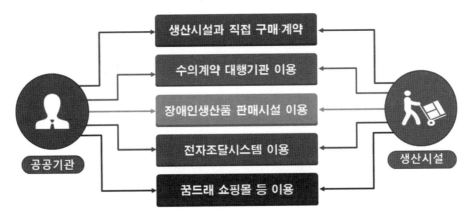

[그림5] 중증장애인생산품 우선구매 방법

① 생산시설과 공공기관이 직접 계약·구매

-구매담당자가 1단계의 생산시설 및 생산품목 등 생산정보 확인 후 생산시설과 연락하여 직접 계약 및 구매

-생산시설의 결제 방식 및 배송 등의 사항은 유선 협의 필요

* 생산시설 현황 및 생산품목 등의 정보는 월단위로 업데이트 되고 있으나, 공공기관의 구매담당자가 계약·구매를 진행할 당시의 정보와 상이할 수 있으므로 구매담당자는 직접 계약·구매 시 보건복지부 또는 한국장애인개발원에 사전 문의하여 업무 수행 요망

② 수의계약 대행기관을 이용한 계약·구매

-구매담당자가 수의계약 대행기관에 수의계약 업무 위임하여 구매

> **중증장애인생산품 우선구매 특별법 제7조제4항**
>
> ④ 공공기관은 중증장애인생산품을 수의계약으로 구매할 수 있으며, 제11조제1항에 따른 중증장애인생산품 업무수행기관이나 대통령령으로 정하는 이와 유사한 시설에서 동 계약을 대행할 수 있다.

* 공공기관 구매담당자는 중증장애인생산품 수의계약 시 금액의 한도가 없이 가능하지만, 수의계약에 대한 부담, 생산시설 선정에 대한 어려움, 공정성과 투명성 담보 등을 위해 수의계약 대행기관에 의뢰 증가 추세
* 수의계약 대행기관: 한국장애인개발원, (사)한국장애인직업재활시설협회, 장애인생산품판매시설 (17개 시·도)

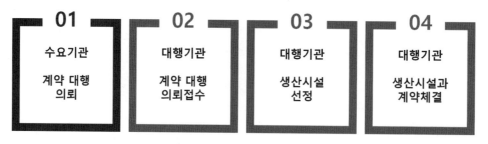

[그림6] 중증장애인생산품 대행기관 이용단계

③ 장애인생산품 판매시설을 이용한 계약·구매

-전국 17개 시도에 설치되어 있는 장애인생산품 판매시설의 유통체인을 이용하여 다양한 생산시설의 물품을 구매

* 장애인생산품 판매시설은 수의계약 대행뿐만 아니라 공공기관과 직접 계약도 가능하며, 구매 방법은 해당 장애인생산품 판매시설의 홈페이지 및 유선 협의를 통한 구매

④ 전자조달시스템을 이용한 계약·구매

-나라장터(http://shopping.g2b.go.kr/), S2B 학교장터(http://www.s2b.kr/) 전자조달시스템에 등록(일부 품목 등록)되어 있는 중증장애인생산품을 구매

* 보건복지부는 전자조달시스템 운영 공공기관을 대상으로 생산시설 지정 현황, 생산품목 및 장애인 생산품 판매시설 현황 등을 매월 발송

⑤ 꿈드래 쇼핑몰(https://www.goods.go.kr/) 온라인에서 구매

-쇼핑몰 사이트를 활용하여 품목별 상품정보(상품명, 시설명) 검색

* 해당 품목 구매시 결제방법 및 배송 등 문의사항은 해당 시설 연락처를 통한 문의 가능

⑥ 민간 온라인 쇼핑몰 활용(https://kia.auton.kr/product/category/product_view/77363)

-중증장애인생산품이 입점한 온라인 포인트 몰에서 구매(실적 인정)

⑦ 중증장애인생산품 꿈드래 홍보 카탈로그 활용

-한국장애인개발원 홈페이지에 게시된 '중증장애인생산품 꿈드래 홍보 카탈로그'를 다운, 생산시설 및 상품정보 취득

▷3단계: 중증장애인생산품 구매

결제 방법은 아래와 같으며, 각 시설별(생산시설, 판매시설) 이용 가능한 결제 방법은 시설별로 다를 수 있어서 계약 및 구매 전 사전 협의가 필요하다.

〈표1〉 중증장애인생산품 구매 결재 방법

결제 구분	결제 방법	세금계산서 발행 여부
선결제	온라인 카드 결제	미발행
후결제	나라빌*	발행
	계좌 이체	발행
	현장 카드 결제	미발행

* 나라빌 고객센터 1577–5500

□ 대상 공공기관

• 「중소기업제품 구매촉진 및 판로지원에 관한 법률」 제2조제2호에 따른 공공기관

①국가기관, ②지방자치단체(교육청 포함), ③「공공기관 운영에 관한 법률」 제5조에 따른 공공기관, ④「지방공기업법」에 따른 지방공사 및 공단, ⑤「지방의료원의 설립 및 운영에 관한 법률」에 따른 지방의료원, ⑥특별법에 따라 설립된 법인 중 대통령령으로 정하는 자

〈표2〉 2023년도 유형별 공공기관 지정 현황

구분	합계	국가기관	지자체	교육청	공기업 등(공공기관)					지방의료원
					공기업	준정부기관	지방공기업	기타공공기관	기타특별법인	
공공기관 수	1,039	59	245 광역(17) 기초(228)	193 광역(17) 지원청(176)	32	55	159	260	6	30

(단위: 개소, '23. 3월 기준)

□ 중증장애인생산품 우선구매 유형

중증장애인생산품 생산시설, 장애인기업, 장애인표준사업장별로 관련법이나 장애인고용 비율과 생산품 범위 등이 각각 다르기 때문에 〈표*〉으로 정리하였다.

〈표3〉 중증장애인생산품 우선구매 유형

구분	중증장애인생산품 생산시설	장애인기업	장애인표준사업장
관련법	중증장애인생산품 우선구매특별법	장애인기업활동촉진법	장애인고용촉진 및 직업재활법
주무부처	보건복지부	중소벤처기업부	고용노동부
장애인 고용	전체 근로자의 70%	전체 근로자의 30% (단, 중소기업기본법에 따른 소기업은 제외)	전체 근로자의 30%
생산품 범위	물품, 용역	물품, 용역, 공사	물품, 용역
법정구매 비율	기관 총 구매액의 1%	기관 총 구매액의 1%	기관 총 구매액의 0.6%

□ 중증장애인생산품 우선구매 효과

보건복지부(2023. 2. 15. 보도자료)는 2023년도 공공기관 중증장애인생산품 우선구매 목표액이 7,744억 원이라고 밝혔다. 2022년도는 7,005억 원으로 전체 공공기관 총구매액의 1.01%로 법정 의무구매율(1% 이상)을 충족하였다.

중증장애인생산품을 공급하는 보건복지부 장관 지정 생산시설이 2022년 말 기준으로 762개소이다. 중증장애인생산품 생산시설 지정기준은 근로자의 70% 이상을 장애인으로 고용해야 하며, 이 중 60% 이상은 중증장애인으로 고용해야 한다.

업무수행기관인 (재)한국장애인개발원[1] 중증장애인생산품 꿈드래 홈페이지에서 상품 정보를 자세히 검색할 수 있다.

□ 2023년 중증장애인생산품 인큐베이팅 지원사업 실시

보건복지부는 중증장애인생산품의 품목 다양화와 우선구매 촉진을 위해 2023년 중증장애인생산품 인큐베이팅 지원사업에 참여할 중증장애인생산품 생산시설 3개소를 공모한다고 밝혔다.

중증장애인생산품 인큐베이팅 지원사업은 공공기관의 구매수요가 높지만, 생산시설에서 생산하지 않는 품목을 발굴하고, 발굴한 품목을 생산할 수 있도록 생산시설에 설비를 지원하는 사업이다.

---

1) (재)한국장애인개발원은 중증장애인생산품 우선구매제도 업무수행기관으로 2009년도에 지정되었다.

• 추진배경 및 목적

－공공기관의 약 50%가 중증장애인생산품 우선구매 법정비율(1%) 미달성, 실적 미달의 주요 사유로 생산품목 다양성 부족 제시

－공공기관의 구매수요가 높은 신규품목을 발굴하고, 이를 생산할 수 있는 설비 지원을 통해 우선구매 확대 추진

• 사업 개요

－수행기관 및 예산: 한국장애인개발원 / '23년 270백만 원

－사업내용:

① 우선구매의무 공공기관 및 전국민 대상 신규품목 공모 · 선정

② 신규품목을 생산할 생산시설* 선정하여 설비 지원

＊「중증장애인생산품 우선구매 특별법률」 제9조에 따른 '중증장애인생산품 생산시설'

중증장애인의 직업재활과 자립을 위해 중증장애인생산품 우선구매가 더욱 확대되어야 하며, 이를 위해서는 중증장애인생산품도 경쟁력을 갖추어야 하기에 인큐베이팅 지원사업을 통해 중증장애인생산품 품목을 다변화해 나갈 계획이라고 밝혔다.

□ 중증장애인생산품 우선구매 장애인예술 사례

중증장애인생산품 우선구매제도에 장애예술인이 참여하기 시작한 것은 2016년으로 시각장애인 오케스트라인 한빛예술단을 운영하는 효정근로사업장이 중증장애인생산품 생산시설로 지정되었다. 장애예술인 창작물이 우선구매 대상이 된 첫 사례이다. 이에 따라 한빛예술단의 공연은 정부부처, 지자체, 공기업 등 공공기관의 우선구매 대상이 되어 국가 및 공공기관에서 공연을 요청하는 방식으로 구매가 진행되었다.

그 후 2020년 8월에 관현맹인전통예술단을 운영하고 있는 실로암장애인 근로사업장 지정품목에 공연[2]이 포함되었으나 장애예술인 개인은 중증장애인생산품 우선구매제도의 대상이 되지 않는 한계가 있다.

---

2) 실로암시각장애인복지관에서 운영하는 시각장애 국악인으로 구성된 관현맹인전통예술단의 공연.

제2절 장애인기업 지원사업

「장애인기업활동촉진법」 제13조(장애인기업종합지원센터의 설치)에 따라 중소벤처기업부 소속 공공기관인 (재)장애인기업종합지원센터를 중심으로 장애인기업을 지원하고 있다. 「장애인기업활동촉진법」 중요 규정을 소개하면 다음과 같다.

제2조(정의)
이 법에서 사용하는 용어의 뜻은 다음과 같다
1. "장애인"이란 다음 각 목의 어느 하나에 해당하는 사람을 말한다.
가. 「장애인복지법」 제32조에 따른 장애인등록증을 발급받은 사람
나. 「국가유공자 등 예우 및 지원에 관한 법률」 제6조의4에 따른 상이등급 중 어느 하나에 해당한다는 판정을 받은 사람
2. "장애인기업"이란 「중소기업기본법」 제2조에 따른 중소기업 중 다음 각 목의 요건을 모두 갖춘 기업을 말한다.
가. 장애인이 소유하거나 경영하는 기업으로서 대통령령으로 정하는 기준에 해당하는 기업
나. 해당 기업에 고용된 상시근로자 총수 중 장애인의 비율(이하 이 조에서 "장애인고용비율"이라 한다)이 100분의 30 이상으로서 대통령령으로 정하는 비율 이상인 기업. 다만, 「중소기업기본법」 제2조제2항에 따른 소기업에 대하여는 장애인고용비율을 적용하지 아니한다.
3. "장애경제인"이란 장애인기업의 대표자와 임원으로서 그 기업의 최고의사 결정에 참여하는 장애인을 말한다.
4. "공공기관"이란 「중소기업제품 구매촉진 및 판로지원에 관한 법률」 제2조제2호에 따른 공공기관을 말한다.

제9조의2(공공기관의 우선 구매)
① 공공기관의 장은 장애인기업이 직접 생산·제공 및 수행하는 물품·용역 및 공사(이하 이 조에서 "장애인기업제품"이라 한다)의 구매를 촉진하여야 한다.
② 공공기관의 장이 「중소기업제품 구매촉진 및 판로지원에 관한 법률」 제5조제1항에 따라 작성하는 구매계획에는 장애인기업제품의 구매계획을 구분하여 포함시켜야 한다.
③ 제2항에 따른 장애인기업제품 구매계획에는 대통령령으로 정하는 비율 이상의 구매목표를 포함시켜야 하며, 공공기관의 장은 해당 구매계획을 이행하여야 한다.
④ 중소벤처기업부장관은 제3항에 따른 구매계획을 확인한 결과 개선이 필요하다고 인정되는 사

항에 대하여는 해당 공공기관의 장에게 그 개선을 권고할 수 있다. 이 경우 해당 공공기관의 장은 특별한 사정이 없으면 구매계획에 이를 반영하여야 한다.

⑤ 중소벤처기업부장관은 제2항에 따른 장애인기업제품 구매계획의 이행점검 등을 위하여 공공기관의 장에게 장애인기업제품의 구매실적을 제출하도록 요구할 수 있다. 이 경우 공공기관의 장은 특별한 사유가 없으면 이에 따라야 한다.

⑥ 중소벤처기업부장관은 제5항에 따라 제출받은 구매실적을 확인한 결과 구매실적이 제3항에 따른 구매목표에 현저히 미달한다고 판단하는 경우 해당 공공기관의 장에게 개선조치를 요구할 수 있다. 이 경우 공공기관의 장은 특별한 사유가 없으면 이에 따라야 한다.

제18조의2(장애인기업의 확인 등)

① 이 법에 따른 지원을 받고자 하는 자는 중소벤처기업부장관에게 기업이 장애인기업에 해당하는지 여부를 확인하여 줄 것을 신청할 수 있다.

② 중소벤처기업부장관은 제1항에 따라 신청을 받으면 조사한 후 해당 기업이 장애인기업에 해당하면 이를 확인(이하 "장애인기업의 확인"이라 한다)하여 주어야 한다. 이 경우 3년 이내의 범위에서 대통령령으로 정하는 유효기간을 명시한 증명서류를 함께 발급할 수 있다.

③ 제18조의3제1항제1호에 해당하여 장애인기업의 확인이 취소된 자는 1년 이내의 범위에서 대통령령으로 정하는 기간 내에는 제1항에 따른 신청을 할 수 없다.

④ 그 밖에 장애인기업의 확인 절차, 증명서류의 발급 등 장애인기업의 확인에 필요한 사항은 대통령령으로 정한다.

2021년 장애인기업실태조사(중소벤처기업부)에 의하면 장애인기업 수는 115,347개(전체의 1.9%), 종사자 수는 402,232명(전체의 1.6%)으로 장애인기업 평균 종사자수는 3.5명, 장애인 고용율은 30.0%이다.

2022년 11월 30일 기준 공공구매종합정보망에 등록된 등록 장애인기업 수는 7,512개로 2021년 장애인기업실태조사에 나타난 장애인기업 수의 6.5%밖에 되지 않아서 공공구매에 등록하지 않은 기업이 훨씬 많다는 것을 알 수 있다. 하지만 평균 장애인 고용율은 30.3%으로 2021년 장애인기업실태조사 30.0%와 다르지 않았다.

중소벤처기업부는 장애인의 자립 지원을 통한 경제적 주체로의 전환을 비전으로 2023년 장애인기업육성사업 기본계획을 발표하였는데 그 세부 추진 계획은 다음과 같다.

* 2023년 장애인기업육성사업 예산은 103.47억 원이다.

가. 특화형 창업지원

□ 창업사업화자금 지원
- 예비창업자 및 재창업자(업종 전환 희망자)를 대상으로 초기 창업자금을 지원하여 사업화 기반 마련
- 창업 초기비용(인테리어, 물품비 등)을 최대 20백만 원까지 지원
- 철거복구비용(300만 원 한도) 항목을 추가하여 재기 지원 강화

□ 발달장애인 특화사업장 운영
- 발달장애인 특화사업장 개소를 통한 발달장애인과 가족의 경제적 자립 및 돌봄 부담 완화
- 발달장애인 특화사업장 개소식 개최(4개 지역)*를 통한 지역 소재 발달장애인과 가족의 제품, 서비스 개발에 필요한 제조 · 창업공간 제공
  * 제주도, 충남, 경남 진주시, 충남 아산시
- 발달장애인 부모상담 및 당사자 개인별(팀별) 업무스킬 진단을 통한 맞춤형 지원계획을 수립하여 수준별 밀착형 창업 훈련 프로그램 실시
  * (기존) 그룹형 기초, 기술교육 실시 → (신설) 개인별(팀별) 진단을 통한 교육훈련 실시

□ 특화형 창업교육 실시
- 장애인 (예비)창업자 대상 창업이론 교육, 컨설팅, 기술형 교육을 지원하여 성공적인 창업 유도
- 온라인교육(1,150명), 1:1 특화형 컨설팅(250명), 특화교육(100명) 실시

□ 창업아이템 경진대회 개최
- 경쟁력 있는 창업아이템을 보유한 예비창업자 또는 창업자를 발굴 · 포상하여 장애인 경제활동 의욕 고취 및 우수 기술 사업화 제고
- 아이템 기술성 및 시장성 등 사업 타당성 관련 단계별(서류, 모의 크라우드펀딩, 발표심사) 검증과정을 통해 선정하여 포상 실시

나. 성장형 기업가 육성

☐ **기업가형 장애소상공인 육성**

- (맞춤형 패키지 지원) 성장을 추구하는 혁신적인 장애소상공인 대상으로 피칭대회를 통해 선별하여 패스트트랙 지원

  * 시제품 3.0억, 기술인증 및 마케팅 1.4억, 수출지원 0.5억, 공공판로 0.1억 원

☐ **우수기술 사업화 지원**

- (시제품제작) 제품디자인 및 시제품 모형(15백만 원), 시제품 금형제작(30백만 원)을 지원하여 기술사업화 기반 마련(20개사)

- (기술인증·마케팅) 제품 신뢰성 제고를 위한 인증(국내외, 시험·컨설팅 등) 획득 지원, 판로 확대를 위한 마케팅 지원(20백만 원, 20개사)

☐ **공공구매 판로지원 강화**

- (보조공학기기) 1인 중증장애인 사업주 보조공학기기(이동보조기기, 스크린리더 등) 지원을 통한 경영활동 안정화(5백만 원, 30개사)

- (공공판로 컨설팅) 공공판로 컨설팅(MAS등록, 공공입찰 전반)지원을 통해 공공조달시장 진출 기반 마련(96개사)

- (공공구매제도 운영) 확인서 발급(2,700건) 및 등록기업 통계 관리 강화, 인지도 조사 등을 통한 우선구매제도 인식 제고

- (판로지원시스템) 기업 맞춤형 입찰정보서비스를 제공, 뉴스레터, 지상파 방송 통한 장애인기업 바로 알리기 홍보

- (온라인 전시몰) 센터의 드림365 플랫폼을 구매링크 연계, 카테고리 재구성으로 구매 편의성 제고 및 대외 홍보 강화

- (장애경제인대회) 모범 장애경제인 포상(기관표창 25점) 및 장애인기업제품 전시전을 통해 장애인의 경제활동 분위기 확산

☐ **해외시장 판로지원 확대**

- (수출마케팅) 뷰티, 농식품 등 수출 유망 품목을 중심으로 온·오프라인 수출지원을 통한 해

외시장진출 기반 마련(90개사)

- (오프라인) 장애인기업 제품 및 수출 수요 분석 등을 통해 수출이 유망한 타겟지역 선정 후 시
  장개척단 파견(20개사)

- (온라인) 수출기업 공동전시관 운영, B2B 입점지원, 해외 바이어 신규거래선 발굴 등 수출마
  케팅 지원(70개사)

• (전시회 참가지원) 국내 · 외 전시회(온라인 전시회 포함)을 통해 장애인기업의 판로 확대(해외 5백만 원/국내 2

  백만 원, 25개사)

□ 정책조사연구

• (장애인기업실태조사) 장애인기업 규모 및 특성 파악을 통해 지속적이고 정기적인 통계 생산 ·
  제공 시스템 구축

* 기업수, 종사자수, 매출액, 영업이익, 장애등급, 애로사항 등

• (법 · 제도 개편) 장애경제인의 경제활동 활성화를 지원하기 위한 법 · 제도 개편연구 실시(장애인

  기업법, 조세감면 건의서 등)

다. 지역센터 활성화

□ 창업보육실 운영

• 입주기업의 성공을 위한 맞춤형 정책 정보 제공, 비즈니스 공간 제공 등 전국 16개 지역
  센터 124개 창업보육실 운영

- 입주기업 맞춤형 직접지원(세무기장, 홍보마케팅 등) 실시(30개사, 1억 원)

- 코로나19 확산에 따른 비대면 서비스 제공을 위한 전국 16개 센터 화상회의실 운영 활성화

• 유관기관 협업 및 네트워크 구축 지원

- 장애인기업 성장을 위한 지역 내 장애인 관련 유관기관 협업 네트워킹(협의회 등) 구축 · 운영

제3절 국내 장애인예술 기업

1. 장애인 표준사업장

한국장애인고용공단은 고용노동부에서 인증하는 '장애인표준사업장'이 2022년 12월 기준 전국 600개소를 돌파했다고 밝혔다. 이는 장애인 일자리 창출 및 고용유지를 위해 2002년 3개소로 시작한 후 20주년을 맞아 얻은 쾌거이다. 장애인 표준사업장은 장애인 편의시설이 완비된 최저임금 이상을 지급하는 중증장애인 다수고용사업장으로, 2008년 대기업이 주체가 되는 자회사형 장애인 표준사업장이 도입된 이후 2019년 컨소시엄형 장애인 표준사업장 등 표준사업장 유형 다양화를 통해 대기업, 지자체, 사회적기업이 표준사업장 설립에 참여할 수 있도록 했다. 그리고 2013년 장애인표준사업장 인증제도 도입, 공공기관의 의무구매제도 대상 포함 이후 경영 안정을 보장받아 점진적으로 증가하고 있다.

공공기관의 우선구매제도를 통해 장애인표준사업장 생산품 구매액은 2021년 기준으로 5,930억 원으로 장애인표준사업장은 2022년 12월 현재 609개소, 장애인 근로자 1만 3,367명으로 성장했다. 공단은 장애인 표준사업장의 새로운 발전을 위해 문화·체육·예술 분야의 장애인 표준사업장 확대를 위한 제도 개선을 추진하고 있다.

현재 운영되고 있는 기업 자회사형 장애인 표준사업장은 다음과 같다.

• 골프존파스텔합창단

골프존뉴딘그룹의 자회사형 장애인표준사업장 ㈜뉴딘파스텔이 운영하는 장애인 직업합창단 '골프존파스텔합창단'이 있다. 골프존파스텔합창단은 골프존뉴딘그룹의 소외 계층 일자리 창출 사회공헌 캠페인 '스윙 유어 드림(Swing Your Dream)'의 일환으로 운영되고 있다. 장애인 표준사업장 중 국내 최초 직업 음악 단체로 음악적 재능이 있지만 현실적으로 직업 선택에 어려움을 겪는 장애인에게 양질의 일자리 및 경제적 자립의 기회를 제공하고 있다.

2018년 창단된 합창단은 발달, 뇌병변, 정신장애 등 다양한 장애를 가진 청년들로 구성되어 있으며 지휘자와 반주자 포함 총 15명이 재직 중이다. 서류 심사 및 오디션을 통해 채용된 합창단원의 약 70%가 정규직으로 재직 중이며 주 4일 16시간 근무로 매월 최저 임금 이상의 급여 및 각종 복리후생을 제공받고 있다. 유연한 운영체제를 바탕으로 지속적인 예술활동을 이어 오고 있다.

• 루아 오케스트라

㈜네패스는 2022년 충북 최초로 발달장애인들로 구성된 '루아 오케스트라' 창단식을 가졌다. 루아 오케스트라는 김남진 예술감독을 비롯해 장애인 단원 21명과 근로지원인 9명 등으로 구성됐다.

2. 장애인 사회적기업

사회적기업은 고용노동부가 주관하고 있고, 사회적기업의 전 단계인 예비사회적기업은 각 광역자치단체 또는 각 부처별로 주관한다. 이를 '지역형' 예비사회적기업, '부처형' 예비사회적기업이라고 하는데 부처형 예비사회적기업은 소재지 제한은 없고 사업내용이 소관 부처의 사업분야와 관련 있어야 한다.

장애인예술 사업을 하고 있는 사회적기업을 소개하면 다음과 같다.

1) 미술
• 디스에이블드

디스에이블드(THISABLED)는 발달장애 예술인 에이전시이다. 디스에이블드라는 사명은 장애를 뜻하는 단어 Disabled에서 한 단어를 바꾸어 This Abled(이것은 가능하다)인데, 발음이 같으면서도 전혀 다른 뜻이 된다. 이는 회사의 경영 이념을 잘 표현하고 있다.

2016년에 설립된 디스에이블드는 발달장애 예술인들이 지속적인 예술활동을 통해 사회적 · 경제적 자립을 할 수 있는 기반을 마련하고 있다. 소속 예술인이 100여 명으로 정규직 작가와 라이센스 작가가 있다.

디스에이블드에서는 소속 발달장애예술인 작품을 활용해 폰케이스, 스마트톡, 수건 등의 상품을 제작하며, 발달장애예술인의 전시회 개최 등 다양한 협업을 진행한다.

하티즘 프로젝트를 운영하고 있는데 하티즘(HEARTISM)이란 그리고 싶은 것을 마음대로 솔직

하게 표현하는 발달장애 예술인의 화풍을 표현한 단어로 하티즘 플랫폼에서 발달장애예술인의 NFT를 발행하고 있다.

- **오티스타**

　사회적기업 오티스타는 자폐인의 특별한 재능 재활이란 영문의 머리글자를 따서 만든 기업이다. 이름과 같이 해당 기업은 자폐인을 위한 디자인 교육과정을 개발하여 무상으로 디자인 교육을 제공하고 교육생들을 디자이너로 채용한다. 회사는 이를 통해 현재 총 13명의 자폐성장애 디자이너의 사회적 자립을 지원하고 있다.

　오티스타는 2016년부터 한국문화재단과 디자인 협업으로 우리나라 전통을 담은 문화 상품으로 궁궐, 왕릉, 해녀 등 우리나라 문화유산을 자폐인들의 독특한 시선으로 담은 일러스트를 제품화했다.

　민간 기업인 뷰티브랜드 아이소이는 오티스타 제품을 대량 구매하여 기부를 하는 등 자폐성장애 예술인을 지원하고 있다.

- **스페셜아트**

　장애인예술 기획사인 사회적기업 스페셜아트가 2023년 작가미술장터 'ONE PICK MARKET'을 올해 시행된 '장애예술인 창작물 우선구매제도'의 우선구매기관에 해당하는 국가기관, 공공기관, 지자체 등을 타깃으로 진행하였다.

　원픽마켓에서는 장애예술인의 작품과 콘텐츠를 월단위로 대여하는 구독제 서비스인 '장애예술인 구독 서비스'도 선보였다. 특히 장애예술인 작품으로 기관의 비전과 사업취지를 담은 판촉물을 기념품, 답례품, 사은품, 홍보물 등으로 제작할 수 있다.

　스페셜아트는 2019년부터 발달장애예술인을 기업에서 직접 고용하도록 연계해 주고 근무관리도 실시하고 있는데 해마다 취업이 늘어나고 있다.

2) 음악
- **한빛예술단**

　2003년 창단한 한빛예술단은 뛰어난 음악적 재능과 역량을 갖춘 시각장애인 전문연주단이다. 2010년 사회적기업 인증을 받았고, 2016년 중증장애인생산품 생산시설로 지정되었으며, 2019년 전문예술법인이 되었다.

장애인예술이란 개념도 생소하던 시절 시각장애인으로 구성된 오케스트라를 창단하여 장애인음악계를 선도해 온 한빛예술단은 클래식 연주뿐 아니라 영화 음악 등 대중적인 곡들을 바탕으로 제작된 다양한 콘텐츠로 관객들을 만나고 있다. 창작음악극 〈노래가 나를 데려가〉 등 다른 예술장르와의 다각적 협업 시도로 장애예술인의 예술활동 영역을 확대해 가며 희망을 노래하는 한빛예술단은 국내뿐 아니라 해외 공연을 통해 대한민국 장애인예술의 위상을 알리며 활발히 활동하고 있다.

• 하트시각장애인체임버오케스트라

하트시각장애인체임버오케스트라는 시각장애 음악인으로 구성된 세계 유일의 민간 실내관현악단으로 2007년 3월 창단되었다. 피바디 음대에서 박사학위를 취득하고, 현재 나사렛대학교 관현악과 교수로 재직 중인 클라리네티스트 이상재 박사가 음악감독으로 12명의 시각장애인 단원과 8명의 비장애인 단원이 함께 활동하고 있다. 하트시각장애인 체임버오케스트라는 2013년 문화체육관광부 첫 번째 사회적협동조합으로 승인받았다.

2011년 10월 27일 미국 뉴욕 카네기홀 무대에서 암전음악회를 진행하여 청중들에게 20분 동안의 기립박수를 받은 것은 물론 국내외 언론으로부터 많은 관심과 찬사를 받았다. 하트시각장애인 체임버오케스트라는 매년 40여 회 이상의 활발한 연주활동을 펼치고 있다.

• 아트위캔

사단법인 한국발달장애인문화예술협회 아트위캔은 서울시 지정 전문예술법인이며 문화체육관광부 지정 예비사회적기업으로 클래식은 물론 국악, 실용음악을 전공한 발달장애 음악인 200여 명이 회원으로 활동하고 있다. 장애인 인식개선 공연을 비롯한 전국적인 공연은 물론 국제교류 공연까지 연 80회 이상의 국내 공연과 해외 12개국과의 온·오프라인 국제교류 공연까지 폭넓은 활동을 펼치고 있다.

아트위캔은 현재 38명의 발달장애 음악인들을 클래식, 국악, 실용음악 분야에서 기업 일자리를 제공하고 있다.

• 드림위드앙상블

사회적협동조합 드림위드앙상블은 2015년 음악에 관심과 재능이 있는 발달장애인을 경제적 자립이 가능한 직업인으로 성장시켜 지속 가능한 양질의 일자리를 창출하고, 경제적 자립 모델을 만들기 위한 목적으로 설립했다.

조합원 35명으로 시작한 드림위드앙상블은 현재 총 69명의 조합원으로 확대되었으며, 특히 11명의 정단원은 4대 보험 가입, 월급제, 법정 유급휴가 제공, 법정 퇴직금 지급 등을 보장받는 정규직 신분으로 고용의 안정성을 확보하고, 연주력 유지 및 향상을 위해 주 4일 근무하고 있다.

초청기관 행사의 성격에 맞는 30분 내외의 축하 공연 드림위드앙상블의 대표적인 공연 형태로 2015년부터 2022년까지 총 548회 진행했으며, 2016년부터 매년 정기연주회를 개최하고 있다.

• 툴뮤직

사회적기업 ㈜툴뮤직은 청년과 장애음악인을 육성하고 예술인들의 취창업 문제를 개선하고 있다. 사업 영역은 아티스트 매니지먼트, 교육, 공간 사업 등이다.

왼손 피아니스트 이훈, 발달장애 피아니스트 배성연, 시각장애 피아니스트 노영서 등 장애음악인들의 음악활동을 지원하고 있으며 '툴뮤직 장애인 음악콩쿠르'를 2016년부터 시작하여 2017년 한 해를 쉬고 2018년부터 2022년 제6회 대회가 열렸다. 그동안 장애음악인 350여 명이 참여하여 대성황을 이뤘다.

3) 공연예술

• 한국파릇하우스

한국파릇하우스는 2009년 문화예술교육연구소로 창단하면서 장애인예술과 통합예술교육을 위한 연구와 교육 그리고 창작공연 활동을 하였다. 2019년에는 대구광역시 사회적기업으로 지정받았고, 2020년에는 특수교육 치료제공기관과 장애인 인식개선 교육기관으로 등록되어 활동하고 있다.

'파릇' 은 순 한글로 땅 속에서 파릇파릇하게 올라오는 새싹의 생명력을 뜻하기도 하며, PAROT는 P(play), A(art), R(recreation, relationship), O(own) , T(talent, teaching)의 의미이다.

맞춤형 문화예술교육을 통해 예비전문예술인을 발굴하여 예술활동을 지원하고, 파릇장애인직업예술학교를 통해 학령기 이후, 예술로 직업을 찾으면서 평생예술교육을 받을 수 있다. 그 결과물인 무용단 PAROT은 장애예술인으로 구성된 전문 무용단으로 전국적인 공연을 하고 있다.

• **파라스타엔터테인먼트**

장애인 전문 연예기획사인 파라스타엔터테인먼트는 국내 최초 장애예술인 전문 엔터테인먼트사로 패럴림픽 선수, 배우, 모델, 댄서, 웹툰 작가 등 30여 명의 장애 아티스트와 함께하는 대중문화예술 기획사이다. 또한 장애인이 등장하는 배리어프리 콘텐츠를 자체 제작하여 장애인 인식개선을 통해 장애와 비장애인의 연결 네트워크가 되고 있다.

파라스타엔터는 작년 1월 하나벤처스에서 시드 투자를 받은 이후, 작년 11월 한국사회투자와 올해 1월 MYSC로부터 투자를 받았으며, 여성기업, 소셜벤처기업, 벤처기업으로 확인된 스타트업이다.

올 6월 사회, 환경적 책임을 다하는 기업에게 주어지는 세계 최고 권위의 비콥(B-Corporation) 인증을 획득했으며 최근 에스엠컬쳐앤콘텐츠(SM C&C)와 파라스타엔터가 동반 성장을 위한 업무 협약을 체결했다.

제4절 해외 장애인예술 기업

1. 영국

• 셰이프 아츠(Shape Arts)

셰이프 아츠는 장애의 사회적모델(social model of disability)을 이념적 지향으로 한, 장애인이 주도하는 조직이다. 셰이프 아츠는 장애예술인에게 기회를 제공하고, 문화예술기관이 장애인에게 더 개방적일 수 있도록 교육 · 훈련을 제공하고, 참여적 예술 및 개발 프로그램을 운영하여 장애인의 문화예술 접근성을 개선한다. 또한 이 외에도 예술조직에 감사 및 교육훈련 서비스를 제공하며, 영국 전역과 국제 무대를 기반으로 장애인을 위한 문화서비스 개선을 위한 컨설팅을 제공하고 있다. 장애예술인과 비장애예술인의 작품을 함께 전시하는 셰이프 오픈(Shape Open) 전시회를 해마다 운영하며, 아담 레이놀즈[3] 어워드(Adam Reynolds Awards)를 통해 커리어를 구축하고자 하는 경력직 장애예술인을 지원한다(Shape Arts, 2022).

• 엑스탄트(Extant)

1997년에 시각장애가 있는 예술인들에 의해 설립된 엑스탄트는 시각장애가 있는 전문 배우들이 활동하는 극단으로, 시각장애 예술인의 비가시성(invisibility)의 문제를 해결하고 새로운 창작 영역을 탐색하는 것을 목표로 한다(Extant, 2022). 작품의 제작 및 투어, 리서치, 개발, 교육, 훈련 프로그램 등을 운영하고 있다(주한 영국문화원, 2019).

• 마인드 갭(Mind the Gap)

마인드 갭은 영국 최대의 발달장애 배우들로 이루어진 극단이다. '발달장애가 있는 공연자들에 대한 동등한 기회'를 비전으로, 발달장애배우들이 동등하게 고용되어 전문 배우로 일하도록 훈련을 제공한다(주한 영국문화원, 2019). 영국 국내뿐 아니라 국제적으로 영향을 미치는 대담하면서 최첨단 세계적 수준의 예술 프로그램을 지향한다(Disability Arts International, 2022).

• 데피니틀리 극단(Deafinitely Theatre)

---

3) 1959년에 출생하여 2005에 사망한 영국의 조각가이자 큐레이터.

2002년에 설립된 데피니틀리 극단은 영국 최초의 농인이 설립하여 농인이 주도하는 전문 극단으로, 수어의 시각적 스토리텔링과 구어의 즉각성을 결합하여 다양한 연령과 배경을 가진 청각장애인과 청인(비장애인)이 함께 즐길 수 있는 양질의 작품을 만드는 것을 미션으로 하고 있다(Deafinitely theatre, 2022). 극단 10주년을 맞아 셰익스피어 글로브 극장에서 처음으로 수어로 된 셰익스피어 작품을 선보이기도 했다(주한 영국문화원, 2019).

• 스탑갭 무용단(Stopgap Dance Company)

스탑갭 무용단은 변화를 위한 운동으로 춤을 활용하는 다양한 크리에이티브 팀이 주도한다. 다양성을 '수용'하는 것을 넘어서서 '추구'하는 포용적인 세상의 창조를 비전으로 다양성과 포용성의 강력한 힘을 보여 줄 수 있는 작업물을 생산하는 것을 목표로 한다(Stopgap Dance Company, 2022). 이들은 공연뿐 아니라 출판, 교육, 전문가 훈련 등을 통해 통합적인 접근법을 널리 전파한다(주한 영국문화원, 2019).

• 칸두코 무용단(Candoco Dance Company)

1991년 설립한 칸두코 무용단은 장애인과 비장애 무용수의 통합에 초점을 둔 최초의 전문적 현대무용단이다. 영국 국내뿐 아니라 국제적으로 공연을 하고 있다. 2012년 런던에서 열린 패럴림픽의 개막식, 폐막식에서 공연하였으며, 2018년에 영국 공영방송 BBC의 'Strictly Come Dancing' 프로그램에 출연하여 천만 명 이상의 관객에게 공연한 최초의 장애인현대무용단이 되기도 했다(Candoco dance company, 2022). 훈련 프로그램 및 멘토링, 토론 등을 통해 장애인예술에 대한 인식개선 사업도 함께 진행하고 있다(주한 영국문화원, 2019).

• 다다(DaDa)

1985년에 리버풀에서 설립된 혁신적 성격의 농인, 지체장애인, 신경다양성인 (지적 및 정신장애) 주도 문화예술조직이다. 장애예술인에게 영감을 불어넣고, 이를 환대하며 청중과 생산자가 모두 예술과 다다 페스트 활동의 일부가 될 수 있는 기회를 만드는 것을 비전으로 한다(DaDa, 2022). 다다는 2년마다 장애인예술을 새로운 시각으로 보여 주는 축제 '다다 페스트'를 개최하고 있으며, 장애의 교차성 이슈에 초점을 맞추어 지역 및 국제 협업, 창의적 접근 플랫폼 등을 제공하는 '다다 인큐베이터', 14~30세의 장애인의 창의성 개발 및 훈련 프로그램인 '다다 아카데미'를 운영한다.

2. 독일

• BehindART

'BehindART'는 1998년에 설립된 장애예술인들 조직으로서 20여 개 단체의 다양한 지적, 신체적, 심리적 장애와 연령으로 구성된 180명 이상의 장애예술인들이 소속되어 있다. 여기에는 비전문예술인도 있지만, 많은 경우 전문(직업) 예술인이 활동하고 있다. 그들의 예술작업은 전문적인 예술그룹 및 장애인작업장 등 근로 안에서 이루어지고 있다. BehindART의 설립 목적은 장애인의 예술적이고 창조적 가능성을 촉진하는 것과 그들의 예술작품들을 사회에 통용하게 하며, 장애인의 자기결정과 동등한 권리 요구를 위한 더 많은 사회적 관심을 가지게 하는 것이다.

이를 위해 1998년 처음으로 대규모 전시회를 개최한 후 매년 다름슈타트(Darmstadt) 외 다섯 곳에서 전시회를 진행하고 있다. 또한 중요한 활동으로는 2003년에 장애인작업장의 장애인들이 참여한 '열린 시설-작업장' 프로젝트와 절단장애 예술인들을 위한 워크숍을 진행하는 것이다. 그리고 BehindART에서는 '건강서비스 및 복지돌봄을 위한 직업공동체(BGW)'와 함께 2001년부터 매년 상금이 있는 예술상을 개최하고 있는데 첫 번째 해에 독일 전역에서 750여 명의 장애예술인들이 참여하였다.

BehindART는 EUCREA와 마찬가지로 2010년에 예술과 창조를 위한 아카데믹과 다름슈타트의 고등학교 등 여러 단체와의 협력 하에 '예술보조인을 위한 교육과정'을 실시하고 발전시켰다(BehindART, 2022).

• 온라인 갤러리 Arts Impact

장애예술인을 위한 중요한 지원조직으로는 'Insider Art'와 'Arts Impact'를 들 수 있다. 두 조직은 장애예술인 조직은 아니지만 장애예술인들의 작품을 소개하고 판매하는데 중요한 역할을 담당하고 있다. Arts Impact는 통합적 문화예술을 위한 온라인 갤러리이다. 즉 독일어권의 공간에서 통합 문화예술 현장의 모든 행위자(예술가)들이 온라인상에서 참여할 수 있는 플랫폼에 속한다. Arts Impact는 홈페이지의 이념에서 밝히고 있듯이 문화예술을 통한 다양성 사회를 지향하고 있으며 통합예술작품의 소개 뿐 아니라 그 예술인들의 네트워크를 지원한다.

홈페이지(www.artsimpact.de)에서 연극, 영화, 미술, 음악으로 구분하여 독일 전역에서 진행하는 다양한 프로젝트와 프로그램들을 비디오 클립으로 소개하고 있다.

'Insider Art'는 장애예술인들의 작품을 관심 있는 구매자에게 소개하고 판매하는 것을 지원하는 대표적인 온라인 갤러리 그룹이다.

3. 일본

• 야마나미공방

1986년 설립된 야마나미공방은 설립 당시 3명이었던 이용자가 현재 90명으로 확장되었으며 주로 지적, 정신, 지체장애인들이다. 이들 중 창작활동을 하는 사람은 취로지원사업 대상자로 매월 활동한 만큼의 월급을 받게 된다. 주된 업무는 점토, 그림, 봉제, 자수, 청소 유지보수, 커피숍 영업, 세차 등이다. 작업시간은 오전 1시간 30분, 오후 2시간으로 실제로 작업하는 시간은 1일 총 3.5시간이다.

현재 이곳에서 활동하는 장애예술인은 41명이며, 이들의 작품은 일본 외에도 국제적인 전시를 통해 활발하게 외부에 소개되고 있다. 또한 2018년도 1월부터 3월까지 장애예술인이 참여한 전시회만 13개이다. 그런데 특이한 점은 야마나미공방에는 전문예술인에 대한 서포트는 전혀 없다는 것이다. 전문적인 교육을 받기보다는 자신들이 원래 하고 싶었던 것을 자유롭게 할 수 있는 환경에서 자연스럽게 지속될 수 있도록 하고 있는 것이다.

• 에이블아트컴퍼니(Able Art Company)

에이블아트컴퍼니는 장애인의 창작활동이 직업이 될 수 있는 환경만들기를 목적으로 하고 있으며, 장애와 아트를 축으로 3개의 NPO(nonprofit organization, 민간 비영리단체)가 공동으로 운영하고 있다. 에이블아트컴퍼니와 계약한 작가는 전국공모를 통해 선발되었다. 선발된 아티스트의 작품(그림, 일러스트, 책 등)을 광고나 상품의 디자인으로 사용할 수 있도록 중간에서 소개하는 역할을 하고 있다. 장애가 있는 사람들의 작품이 수입으로 이어질 수 있도록 사회에 제안 하기 위한 사업을 추진하고 있는 것이다.

• 헤르보니(Heral Buny)

헤르보니는 복지시설에 다니고 있는 지적장애가 있는 화가와 계약을 맺고 그들의 그림을 쥬얼리나 가방, 모자, 티셔츠 등 다양한 상품의 디자인으로 사용할 수 있도록 기업들과 계약을 맺고 디자인 사용료를 지적장애인에게 지급하는 일을 하는 곳이다. 최근 일본에서 가장 활발하게 운영되고 있는 장애인기업이다.

주식회사 헤르보니는 장애예술인의 작품을 세상에 알리기 위해 노력하는 혁신적인 회사이다. 헤르보니의 주요 활동은 예술작품의 제작과 전시이고, 예술작품의 판매와 홍보에도 많은 노력을 기울이며 이윤 추구를 통해 지속 가능한 경영을 하고 있다.

　헤르보니의 창업자인 마츠다 형제는 후미토와 타카야 쌍둥이인데 장애를 가진 형이 창업의 원동력이었다고 한다. 실제 헤라르보니(ヘラルボニー)의 이름도 후미토가 의미 없이 말한 단어에서 유래했다고 한다.

4. 중국

• 중국장애인예술단

　1987년 예술을 좋아하는 중국장애인 30여 명이 제1차 중국예술축제에 참석한 것을 계기로 중국장애인예술단을 창설하였다. 1988년부터 예술단은 대중예술조직으로서 아시아, 유럽 등 해외 나라를 방문하여 '평등, 참여, 공진(共振)'의 이념을 홍보하였다. 2000년 이후 대형 음악 무용 프로그램인 〈내 꿈〉을 제작하여 예술적 수준을 높였고, 2002년 대외적으로 큰 호평을 받았다. 그 후 연속적으로 〈내 꿈〉 시리즈를 제작하였으며 DVD와 CD, 서적으로 제작, 판매되었다.

　2004년 전문예술단체의 성격을 갖추고 진선미 사상과 화목우애(和睦友愛)의 인류정신을 추구하며 현재는 국제적인 공연예술단체로 〈내 꿈〉, 〈천수관음〉 등은 세계적인 문화브랜드가 되었다. 예술단은 정부의 지원뿐만 아니라 독립적으로 경비를 마련하여 운영하고 있으며 자선 기금까지 만들었다.

　예술단은 100여 명의 장애예술인과 30여 명의 직원으로 구성되어 활동하고 있으며 무용팀, 음악팀, 조명팀, 음향팀, 미디어팀, 협력팀 등으로 나누어 자신의 역할을 충실하게 하며 구성원들은 서로 존중하고 도와주면서 프로그램을 만들고 교육, 훈련한다. 이들의 활동과 관련한 상품도 개발하여 홍보하면서 시장에 진출하고 있다.

　매년 10여 개국의 초청을 받아 춤, 경극, 재즈, 전통 악기 연주, 뮤지컬 등의 공연을 하였으며 지금까지 아시아, 유럽, 아메리카, 아프리카 및 오세아니아 대륙 등 약 100여 개국에서 공연하였다.

　현재 장애예술인은 88명으로 청각장애인 67명, 시각장애인 16명, 지체장애인 5명이며 중국 26개 민족으로 구성되어 있다. 예술단은 유명한 예술인을 채용하여 장애예술인을 1:1로 교육시키고 있으며, 문화 관련 공부도 철저히 하고 있다. 베이징과학기술학원과 협력하여 학교에서의 공부와 원격 교육 등으로 4년 후 학사학위를 받도록 하고 있다.

제5절 예술산업과 지식재산권

1. 예술산업의 기반

1) 문화예술이란

• 법적 정의

–문화예술진흥법 제2조

문학, 미술(응용미술 포함), 음악, 무용, 연극, 영화, 연예, 국악, 사진, 건축, 어문 및 출판을 포함한다고 규정

–문화예술진흥법 제2조 2항

문화예술의 창작물 또는 문화예술 용품을 산업의 수단에 의하여 제작, 공연, 전시, 판매를 하는 업

–문화산업진흥기본법 제2조 1항

문화 상품의 생산, 유통, 소비와 관련된 산업

• 문화예술의 구분

–전통문화예술: 음악, 무용, 의식 등으로 지역적 경험이나 전승에 연결되는 예술이다.

–순수문화예술: 고전적 예술 범위에 속하며 여가를 위해 한정된 향유자에게 소비되는 예술이다.

–대중문화예술: 산업화 시대의 중산층에 의해 창작된 대중적인 사랑을 받고 있는 예술이다.

문화예술영역은 시대가 발전하면서 세분화를 통해 내용이 확대되어 가고 있다. 현대는 장르가 혼합된 퓨전 예술이 실험적인 예술 창조로 이루어지고 있다.

2) 문화예술의 특성

• 사회 · 문화적 특성

① 시민 참여 활성화를 통한 문화민주주의에 기여

-문화적 요소를 활용하여 문화적 가치 창출

-국민의 문화 욕구 충족

-문화민주주의 확대: 문화예술적 창의성 발현을 위한 표현의 자유를 보장하고,
 문화적 정체성을 보호하며 문화적 다양성을 보장한다.

② 사회적 가치관의 반영

-사회 내에서 문화적 동질성을 만들고

-사회가 가지는 가치관을 창출

-다양한 가치관 수용을 통해 사회적 가치관 확대

③ 문화적 할인 적용

-동일한 문화권에서는 친숙하지만 다른 문화권 사람들에게는 이질적인 느낌으로 가치가
 떨어지는 문화적 할인(Cultural Discount) 현상이 나타난다.

• 경제적 특성

① 고위험-고수익 산업

-제작비가 높아 흥행에 실패하면 투자금 회수가 어렵다.

-수요가 불확실하다.

-성공하면 높은 투자 이익을 얻는다.

② 소비의 짧은 수명 주기

-초기에 매출이 집중된다.

-윈도우 효과를 통해 상품 수명이 연장된다.

③ 공공재 특징을 가진 사유재

-다수 대중에게 제한 없이 사용할 수 있는 공공재이다.

-소비를 위해 대가를 지불하는 사유재이다.

-다른 사업자의 진입이나 경쟁으로부터의 독점력이 요구된다.

④ 규모의 경제

-규모의 경제는 생산력이 증가할수록 평균 제작비용이 감소한다.

-추가 생산 비용이 거의 들지 않는다.

-OSMU(One Source Multi Use)*로 확대 생산이 가능하다.

* OSMU는 하나의 소스ㆍ콘텐츠를 여러 상품 유형으로 전개ㆍ개발하는 것을 말한다. 하나의 원형 콘텐츠를 영화, 게임, 애니메이션, 캐릭터 상품, 장난감, 출판 등의 다양한 방식으로 변형해 판매하는 것으로 낮은 투자비용으로 높은 부가 가치를 얻을 수 있다는 장점이 있다. 오늘날 문화 산업의 기본 전략으로 자리 잡고 있다.

⑤ 파레토 80대 20의 법칙과 롱테일 현상 적용

-파레토 80대 20의 법칙: 상위 20%의 상품이 매출 80% 차지

-롱테일 현상: 20%의 비인기 상품도 전체적으로 모이면 틈새 시장을 만들기에 소수의 취향을 위한 문화콘텐츠 생산도 필요하다.

⑥ 차별화된 과점시장의 형태

-몇몇개의 대기업이 시장을 이끌어 간다.

-상품이 내용 면에서 차별성을 갖고 있다.

⑦ 비합리적 소비 가능성

-어떤 사람의 수요가 다른 사람의 수요에 의해 영향을 받을 수 있는 네트워크효과(유행효과)가 작용한다.

-유행에 의해 소비가 영향을 받는다.

-소비자의 기호와 취향에 의해 좌우된다.

3) 문화예술 가치 추구

① 고유 가치

금전적으로 계산될 수 없는 무한가치(priceless price)로 예술이 존재하는 이유와 정당성이기도 하

다. 러스킨(J. Ruskin)은 그것이 존재하는 것 자체에 가치가 있다고 하였다. 사회적 요구에 맞춰서 변화하면서 새로운 예술 양식이 계속 등장한다.

문화예술은 지속 발전한다. 문화예술은 그 고유한 가치와 속성 때문에 함께 공존하고, 문화예술에 대한 가치에 힘입어 공생하며, 정책 의지를 갖고 지원하므로 공진(共進)해 나간다.

② 인본적 가치

예술은 인간의 행복을 지키는 보루이며 생활 속 예술을 뛰어넘어 모두를 위한 예술이다. 피터 L. 버거(Peter Ludwig Berger)는 순수예술은 종교보다 더 다양한 정신적 통찰력을 세속적인 사회에 제공하고 있다고 하며 예술의 인간화가 필요하다고 하였다.

문화예술은 자율성, 독창성, 다양성, 공통성이란 인간의 최고 이상 가치 실현을 지향한다.

③ 이미지 가치

이미지는 감정의 압축된 표현으로 인간(세대), 공간(국경), 시간(역사)을 뛰어넘어 사회와 인류의 공동 자산으로 형성된다. 문화이미지는 국가, 도시, 지역 등의 매력을 증대시키고, 문화이미지는 시민사회의 풍요를 가져오면서 풍요로운 공동체를 형성한다.

④ 소통 가치

문화예술은 인간 감성에 호소하여 소통을 원활히 하는 가치를 지닌다. 예술과의 소통은 기쁨을 주며 꿈을 꾸는 것처럼, 진실을 느낄 수 있는 것이 소통의 희열이다. 이것이 예술의 힘이다. 톨스토이는 소통은 예술인의 임무라고 할 정도로 소통의 가치를 크게 생각하였다.

⑤ 부가 가치

예술은 문화적 효과, 경제효과, 교육효과, 사회적 효과가 있으며 고용창출, 관광유발, 마케팅 소재 활용, 사회통합으로 공동체를 활성화시킨다. 자본주의가 성숙되면서 경제는 점차 문화 쪽으로 기울어지고 문화는 경제와 결합하는 경향이 있다.

4) 문화예술의 역할

① 사회적 역할

• 문화예술과 사회

우리 사회는 문화예술을 통해 가치를 공유하며 그 바탕 위에서 사회적 에너지를 창출한다. 문화예술은 사회적 가치의 공유라는 역할을 맡고 있으며, 사회 에너지를 창출하고, 사회를 열린사회로 이끌어서 사회 갈등을 해소한다.

문화예술은 생동하는 것이므로 경제, 기술, 보건 등 사회를 구성하는 모든 분야에서 문화예술과 분리시키지 말고 시너지를 창출해야 한다.

• 사회와 문화의 공진화(co-evolution)

국가발전론에서도 발전의 원인을 규명하는 초점을 경제, 문화, 정치에 두고 있는데 그 가운데 문화가 가장 역동적으로 발전에 영향을 미치며 조화를 이루어간다는 문화결정론이 설득력이 있다.

• 문화교류

문화교류는 공간적 장벽을 넘어서 아이디어와 새로운 창의성을 가능하게 하는 길을 터놓는다. 문화예술은 인력 집약적인 성격이 강하다. 인적 자원의 교류 기회가 다른 교류보다 파급 영향이 크며 이것이 문화교류의 가장 기본적인 대상이기 때문이다.

② 교육적 역할

허버트(Doug Herbert)는 교육효과로 시민으로 성장하도록 하고, 비언어적 표현 능력을 개발시켜 의사소통을 가능하게 한다. 그리고 지식정보시대에 필요한 창의적 인간을 길러내고, 자신에게 맞는 문화예술을 선택하여 개인의 삶을 향상시킨다. 그래서 교육과 문화예술은 서로 연대가 필요하다.

③ 경제적 역할

• 문화와 경제

경제활동과 문화활동은 어떠한 형태로든 서로 영향을 미친다. 문화활동은 문화에너지를 경제활동에 공급하고 경제활동의 결과로써 쌓인 문화축적물이나 문화적 변화를 받아들인다. 문화적 요소는 사람들의 선호나 소비패턴을 변화시키고 경제가치를 부가적으로 키워서 외부에서 시장을 통제하는 요소로 작용한다.

경제활동에서 생산이나 소비의 결과로서 문화 역량이 추가로 축적되면서 문화가 발전한다. 경제의 양적 수준은 기술이나 자본에 의해 결정되지만 경제의 질은 문화가 바꾼다. 문화는 경제 자체의 차원을 높이고, 문화적 감성이 높아지면 여러 분야의 경제도 발달하고 관련 산업도 유행한다.

• 경제 발전의 요인

지식기반 경제 발전의 요인으로 작용하는 문화예술 측면은

첫째, 개인의 감성 능력이 있어야 한다. 문화예술은 기초적 소양이다.

둘째, 예술적 감각이 지식기반 경제에서는 하나의 공공자산이 된다.

'무엇을 생산하고 판매할까?'에서 '어떻게 만들고 팔까?'가 주요한 시대가 되었다.

셋째, 문화예술은 시장경제 제도의 역할을 한다.

• 문화활동 자원 배분

문화예술은 개인적 활동으로 충족해야 하는 사적 재화의 성격을 지닌다.

하지만 정부의 역할이 필요한 이유는 다음과 같다.

첫째, 문화예술은 공공재이다.

둘째, 시장 메커니즘에 맡겨 두면 문제가 있으므로 정부가 공급할 필요가 있다.

셋째, 경제효율성과 관련이 있다.

넷째, 국가는 경제만으로는 그 역할을 다하기 어려운 부분을 문화예술로 조정한다.

• 경제 창출

문화예술 생산을 위한 지출의 파급 효과가 크며, 문화예술 지출의 간접 이익은 승수효과* 가 있다.

＊승수효과란 어떤 경제 행위를 하여 변화를 일으켰을 때 최종적으로 낳게 되는 총효용을 말한다.

• 문화산업

문화산업은 신기술과 교류가 세계화에 미치는 영향면에서 보면 가장 중요한 위치를 차지

하고 있어 성장 기회이다.

• **기업의 문화활동**

기업은 적극적으로 소비 형태의 변화를 수용하는 측면에서 문화활동 주체로 나서고 있다. 기업의 문화 전략이 다양해지고 있으며 기업이 사회적 가치 창조 차원에서 문화 전략을 펼치고 있다.

5) 문화예술의 방향

• **예술경영이란**

예술세계는 심미안의 가치를 추구하며 주관적 결과가 나오고, 경영세계는 효율성의 가치를 추구하며 객관적 결과가 나온다. 이렇게 서로 다른 성격을 가진 예술과 경영이 만나는 예술경영은 많은 사람들이 더 양질의 작품을 접할 수 있도록 돕는 역할로 예술을 위한 경향이 있고, 생산자인 예술인과 소비자인 관객 사이의 매개 활동을 한다.

예술경영은 예술인의 현실적 한계를 해결하여 예술인의 이상이 현실에 뿌리내리고 성장하여 열매를 맺도록 한다. 예술경영의 범주는 장르에 따른 범주로 공연예술과 시각예술이 있고, 목적에 따른 범주는 영리와 비영리 부문으로 나뉜다.

아놀드 하우저(Arnold hauser)가 예술작품은 예술인의 삶과 사회와의 유기적인 관계 속에서 만들어진다고 하였듯이 예술작품은 예술 경영 과정을 거치면서 예술상품으로 전환된다. 예술경영인은 예술소비자가 상품을 더욱 매력적으로 느낄 수 있도록 다양한 마케팅 전략을 연구하여 활용한다.

예술인과 관객이 생산자와 소비자로 만나는 곳이 예술시장으로 예술시장은 예술을 상품으로 거래하는 곳이다.

• **예술조직**

예술경영은 조직 단위의 활동을 기반으로 발전한다.

▷구성요소에 의한 구분

-예술인 중심 조직: 오케스트라, 극단, 무용단

-기획자 중심 조직: 공연기획사, 전시기획사, 축제조직

-공간 중심 조직: 공연장, 박물관, 미술관

▷법률적 성격에 의한 구분

-국공립기관: 국가에서 운영하는 기관

-특수법인: 개별 법령에 설립 근거가 마련되어 있는 독립된 예술기관

　　예)예술의전당(문화예술진흥법)

-비영리법인으로서의 사단법인과 재단법인

-공익법인: 재단법인의 특수한 형태(정부의 규제가 까다롭다)

　　예)연강문화재단

-전문예술법인단체: 2000년 「문화예술진흥법」 개정으로 도입

-사회적 기업: 공익을 목적으로 정부가 지원해 주는 기업

-상법상의 회사: 주주를 모아서 만든 주식회사

• **예술경영인**

예술경영인의 유형은 예술인으로서, 예술인의 파트너로서, 예술인에 대한 봉사자로서, 예술인에 대한 감독자로서, 관객에 대한 봉사자로서, 공간 경영자로서의 역할이 있다. 그래서 예술경영인은 기획자(planner), 관리자(manager), 통역자(interpreter), 창조자(creator), 사업가(entrepreneur), 마케터(marketer) 결국 만능인(all round player)이 되어야 한다.

예술경영 과정은 무엇을 할 것인지 기획(planning)하고, 어떤 사람들이 투입될 것인지 조직화(organizing)를 하고, 그 조직이 기획한 대로 잘 운영되도록 지휘(directing)하면서 올바른 방향으로 발전하도록 통제(controlling)한다.

예술경영을 하기 위해서는 예술상품이 소비에 영향을 미치는 요인을 파악해야 하는데 환경적 요인으로 정치행정요인, 경제요인, 사회요인, 기술요인, 문화요인이 있고, 개인적 요인으로 심리요인, 생애주기요인, 직업요인, 소득계층요인, 준거집단요인, 교육경험요인이 작용한다.

2. 지식재산권

인간은 창조적 노력으로 새로운 물건을 만든다. 그것을 발명이라고 하는데 발명은 과학의 영역으로 생각하고 또 다른 창조를 예술이라고 한다. 창조는 매우 힘든 일이기에 발명가나

창작자에게 특별한 권리가 부여된다. 그것을 지식재산권이라고 하는데 이것은 고대 그리스에서 특별한 요리를 만든 요리사에게 1년간 독점권을 준 것에서 유래한다.

"뭐 좋은 아이디어 있으면 갖고 와 봐."

상사의 명령에 머리를 쥐어짜서 나온 프로그램 기획안이 어느 순간 상사 이름으로 둔갑하여 회사의 모든 인센티브를 혼자서 챙기는 억울한 일이 다반사인데 앞으로는 1회를 기획 개발한 creative director가 포맷의 저작권 일부를 갖는다. 이는 originality의 중요성 때문이다. 아이디어가 지식재산이 되는 시대여서 창작자에 대한 저작권이 법적 보호를 받는다.

2011년 「지식재산기본법」이 제정되기 전에는 지적재산권이라고 하였는데 지적이라는 말은 노력보다는 타고난 능력이라는 의미로 인식되었기에 노력으로 취득한 지식으로 만들어진 능력이라는 의미의 지식재산권으로 변경되었으며, 2018년 9월 4일 '지식재산의 날'이 제정될 정도로 지식재산에 대한 관심이 높아지고 있다.

1) 지식재산권 개요

권리는 공적 권리와 사적 권리가 있는데 공적 권리는 우리가 이미 다 누리고 있으면서도 권리라는 생각을 갖고 있지 않을 정도로 흔해졌다. 사람들에게 중요한 것은 사적인 권리인데 가장 중요한 권리는 재산권과 지식재산권이다.

공적인 권리(공권)–참정권 등
사적인 권리(사권)–재산권: 물건, 채권(행위)
　　　　　　　무체재산권(지식재산권): 특허권, 상표권, 저작권

지식재산권은 1474년 베네치아에서 신규성, 유용성, 실행가능성 발명에 10년 독점적 권리 부여한 것에서 시작하였다. 1641년 미국에 제염방법에 특허 부여하였으며, 1790년 미국 연방특허법이 제정되었는데 이때는 선(先)발명주의였으나 2011년 선(先)출원주의로 바뀌었다.

예전에는 발명이 완성되어야 특허를 내주었지만, 현대사회는 속도가 매우 중요한 만큼 출원을 먼저 해 놓고 물건을 완성하는 선출원주의로 운영된다.

그러니까 아이디어 단계부터 등록을 해 두어야 기술을 빼앗기지 않게 된다.

우리나라는 1961년 특허법, 실용신안법, 의장법(디자인보호법)으로 지적생산물 전체로 확대되었다.

2) 지식재산권 특징

특허는 독점 배타적 권리 획득으로 특허 출원⇒심사⇒등록 이런 과정으로 진행이 되며 특허청에 출원인코드 부여 신청을 하고, 특허출원의 공개는 특허출원일로부터 1년 6개월이 경과하면 출원인의 의사와 관계없이 이루어진다.

특허보호는 기술복제가 용이하고, 경쟁 관계에 있고, 라이프사이클이 특허 획득 기간에 비해 긴 경우에 유리하고 영업비밀은 위와 반대 경우에 유리하다.

저작권은 저작물의 창작시 발생하며 저작권 등록을 하려면 저작권심의조종위원회(www.cros. or.kr)에 저작권등록 신청서와 저작물 명세서를 작성하여 제출하면 된다.

지식재산권의 종류는 산업재산권, 저작권, 신지식재산권으로 나뉘어진다.

(1) 산업재산권

- 특허권: 특허된 발명을 업으로서 실시할 권리(실시권), 물건 또는 방법으로 특허출원 후 20년 동안 갖는다.
- 실용신안권: 자연법칙을 이용한 기술적 사상의 창안인 고안 가운데 산업상 이용 가능한 것(물건)으로 특허출원 후 10년 동안 유지된다.
- 디자인권: 물건의 형상, 모양, 색체를 통해 미감을 일으키는 것(글씨체 포함)으로 특허출원 기간은 20년이다.
  * 기본디자인과 유사한 디자인은 1년 이내 등록 가능
- 상표권:
① 상표-상품의 표장, 소리와 냄새도 포함, 입체상표(KFC, 코카콜라병)
② 단체표장-단체 로고, 회사 CI(Corporate Identity)
③ 증명표장-품질 등을 증명(KS마크)
④ 업무표장-비영리를 목적으로(한국소비자보호원)

(2) 저작권

- 저작인격권: 양도하거나 이전할 수 없는 일신(一身)에 전속적인 권리로 저작자의 사망과 동시에 소멸(사후에도 저작자의 명예를 훼손하는 것은 금지)

① 공표권-저작물 공표 여부를 결정할 권리, 일반에게 공개 또는 저작물 발행(배포)

② 성명표시권-실명 혹은 예명으로 표기를 결정할 권리

③ 동일성유지권-임의로 변경이 안 됨

-저작재산권: 원저작자로 복제권, 공연권, 공중송신권, 전시권, 배포권, 대여권, 2차적 저작물 작성권(원저작물을 번역, 편곡, 변형, 각색, 영상제작 등으로 작성한 창작물로 원저작자 허락을 받아야 함)을 가지며 이 권리는 생존시와 사망 후 70년 동안 존속한다.

-저작인접권: 저작물에 관한 실연, 음반, 방송이 해당되며, 인간의 사상 또는 감정을 표현한 창작물인 저작물이 대상이고, 저작물에 대한 실연자(實演者)는 저작인접권으로 성명 표시권, 동일성유지권을 가진다.

예) 노래를 만든 작곡, 작사자는 저작권, 그 노래를 부른 가수의 공연은 저작인접권

음반제작자는 복제권, 배포권, 대여권, 방송권, 전송권을 갖고, 방송사업자는 복제권, 동시중계방송권(50년 동안 존속)이 있다.

(3) 신지식재산권(기타 지식재산권)

과학기술의 급속한 발달과 사회 여건의 변화로 컴퓨터 프로그램(저작권, 특허권), 데이터베이스, 캐릭터(저작권), 프랜차이징, 지리적 표시, 인터넷 도메인 네임, 화상디자인(스마트폰이 등 정보화기기 화면의 아이콘) 등이며, 영업비밀은 공공연히 알려져 있지 아니하고, 독립된 경제적 가치를 가지는 것으로서, 비밀로 관리되는 것을 뜻한다.

또한 신지식재산권으로 영업비밀에 대한 침해행위는 부정취득 행위, 부정공개 행위로 이런 경우 금지청구권, 손해배상청구권, 신용회복청구권을 행사할 수 있다.

지식재산 관련 단체 및 기관으로 국가지식재산위원회, 국제지식재산연수원, 한국발명진흥회, 한국저작권위원회, 한국지식재산연구원 등이 있다.

예술인들이 꼭 알고 있어야 할 「저작권법」은 1957년 제정되었으며 제1조(목적) '이 법은 저작자의 권리와 이에 인접하는 권리를 보호하고 저작물의 공정한 이용을 도모함으로써 문화 및 관련 산업의 향상·발전에 이바지함을 목적으로 한다.'고 되어 있다.

제2조(정의)를 잘 이해할 필요가 있어서 예술인에게 필요한 내용만 정리하면 다음과 같다.

1. "저작물"은 인간의 사상 또는 감정을 표현한 창작물을 말한다.

2. "저작자"는 저작물을 창작한 자를 말한다.

3. "공연"은 저작물 또는 실연·음반·방송을 상연·연주·가창·구연·낭독·상영·재생 그 밖의 방법으로 공중에게 공개하는 것을 말하며, 동일인의 점유에 속하는 연결된 장소 안에서 이루어지는 송신(전송을 제외한다)을 포함한다.

4. "실연자"는 저작물을 연기·무용·연주·가창·구연·낭독 그 밖의 예능적 방법으로 표현하거나 저작물이 아닌 것을 이와 유사한 방법으로 표현하는 실연을 하는 자를 말하며, 실연을 지휘, 연출 또는 감독하는 자를 포함한다.

5. "음반"은 음(음성·음향을 말한다. 이하 같다)이 유형물에 고정된 것(음을 디지털화한 것을 포함한다)을 말한다. 다만, 음이 영상과 함께 고정된 것을 제외한다.

6. "음반제작자"는 음반을 최초로 제작하는 데 있어 전체적으로 기획하고 책임을 지는 자를 말한다.

7. "공중송신"은 저작물, 실연·음반·방송 또는 데이터베이스(이하 "저작물등"이라 한다)를 공중이 수신하거나 접근하게 할 목적으로 무선 또는 유선통신의 방법에 의하여 송신하거나 이용에 제공하는 것을 말한다.

8. "방송"은 공중송신 중 공중이 동시에 수신하게 할 목적으로 음·영상 또는 음과 영상 등을 송신하는 것을 말한다.

9. "방송사업자"는 방송을 업으로 하는 자를 말한다.

10. "전송(傳送)"은 공중송신 중 공중의 구성원이 개별적으로 선택한 시간과 장소에서 접근할 수 있도록 저작물등을 이용에 제공하는 것을 말하며, 그에 따라 이루어지는 송신을 포함한다.

11. "디지털음성송신"은 공중송신 중 공중으로 하여금 동시에 수신하게 할 목적으로 공중의 구성원의 요청에 의하여 개시되는 디지털 방식의 음의 송신을 말하며, 전송을 제외한다.

12. "디지털음성송신사업자"는 디지털음성송신을 업으로 하는 자를 말한다.

13. "영상저작물"은 연속적인 영상(음의 수반여부는 가리지 아니한다)이 수록된 창작물로서 그 영상을 기계 또는 전자장치에 의하여 재생하여 볼 수 있거나 보고 들을 수 있는 것을 말한다.

14. "영상제작자"는 영상저작물의 제작에 있어 그 전체를 기획하고 책임을 지는 자를 말한다.

15. "응용미술저작물"은 물품에 동일한 형상으로 복제될 수 있는 미술저작물로서 그 이용된 물품과 구분되어 독자성을 인정할 수 있는 것을 말하며, 디자인 등을 포함한다.

16. "컴퓨터프로그램저작물"은 특정한 결과를 얻기 위하여 컴퓨터 등 정보처리능력을 가진 장치(이하 "컴퓨터"라 한다) 내에서 직접 또는 간접으로 사용되는 일련의 지시 · 명령으로 표현된 창작물을 말한다.

17. "편집물"은 저작물이나 부호 · 문자 · 음 · 영상 그 밖의 형태의 자료(이하 "소재"라 한다)의 집합물을 말하며, 데이터베이스를 포함한다.

18. "편집저작물"은 편집물로서 그 소재의 선택 · 배열 또는 구성에 창작성이 있는 것을 말한다.

21. "공동저작물"은 2인 이상이 공동으로 창작한 저작물로서 각자의 이바지한 부분을 분리하여 이용할 수 없는 것을 말한다.

22. "복제"는 인쇄 · 사진촬영 · 복사 · 녹음 · 녹화 그 밖의 방법으로 일시적 또는 영구적으로 유형물에 고정하거나 다시 제작하는 것을 말하며, 건축물의 경우에는 그 건축을 위한 모형 또는 설계도서에 따라 이를 시공하는 것을 포함한다.

23. "배포"는 저작물등의 원본 또는 그 복제물을 공중에게 대가를 받거나 받지 아니하고 양도 또는 대여하는 것을 말한다.

24. "발행"은 저작물 또는 음반을 공중의 수요를 충족시키기 위하여 복제 · 배포하는 것을 말한다.

25. "공표"는 저작물을 공연, 공중송신 또는 전시 그 밖의 방법으로 공중에게 공개하는 경우와 저작물을 발행하는 경우를 말한다.

26. "저작권신탁관리업"은 저작재산권자, 배타적발행권자, 출판권자, 저작인접권자 또는 데이터베이스제작자의 권리를 가진 자를 위하여 그 권리를 신탁받아 이를 지속적으로 관리하는 업을 말하며, 저작물 등의 이용과 관련하여 포괄적으로 대리하는 경우를 포함한다.

27. "저작권대리중개업"은 저작재산권자, 배타적발행권자, 출판권자, 저작인접권자 또는 데이터베이스제작자의 권리를 가진 자를 위하여 그 권리의 이용에 관한 대리 또는 중개행위를 하는 업을 말한다

29. "권리관리정보"는 다음 각 목의 어느 하나에 해당하는 정보나 그 정보를 나타내는 숫자 또는 부호로서 각 정보가 저작권, 그 밖에 이 법에 따라 보호되는 권리에 의하여 보호되는 저작물등의 원본이나 그 복제물에 부착되거나 그 공연 · 실행 또는 공중송신에 수반되는 것을 말한다.

가. 저작물등을 식별하기 위한 정보

나. 저작권, 그 밖에 이 법에 따라 보호되는 권리를 가진 자를 식별하기 위한 정보

다. 저작물등의 이용 방법 및 조건에 관한 정보

3) 지식재산권 전망

4차 산업혁명과 코로나19 팬데믹으로 '지식재산권'(Intellectual Property)의 중요성이 상승하였다. IT · 바이오 등 기술 기반 산업, 기존 제조업, 금융업, 물류 분야에 이르기까지 인공지능 · 빅데이터 · 로봇 · 사물인터넷 · 나노 등의 지식 역량이 사업 성패를 가름하게 된다.

또한 아트, 엔터테인먼트, 스포츠 등의 영역에서도 비즈니스 성격이 심화되면서 지식재산권이 첨예한 이슈로 등장하였다. 예술 장르의 공연 · 전시가 새로운 국면에 접어들었으며 유튜브 등을 중심으로 한 1인 미디어 슈퍼스타들이 엔터테인먼트의 선두에 서서 거액의 저작권 수입을 올리고 있다. 스포츠도 방송중계권과 스폰서십 등을 바탕으로 한 엄청난 시장이 형성되었고, 온라인 게임이 새로운 산업을 형성하고 있다.

장준환(2020)은 '앞으로 시대를 관통하는 지식재산권을 기반으로 대중의 마음을 사로잡는 기업들이 떠오를 것이라고 하며 최근 미국에서 뜨는 지역들은 지식재산권이 모이는 곳'이라고 하였다. 그곳에 고수익 지식인이 모여들고 상권을 형성하고 세련된 문화를 창출하고 있는 것이다.

최근 절차가 복잡하여 개인이 등록하기 힘든 장애예술인의 저작물을 보호하는 사업을 하겠다고 나선 (주)시산트뮤직은 음원제작과 판권사업을 하고 있는 지식재산권 플랫폼인데, 장애예술인 지식재산권 시장의 진입이 이루어지면 다양한 문화콘텐츠가 생산되면서 수입이 창출됨은 물론 지식재산권을 보유한 장애예술인이 많아질 것이다.

제3장

연구 방법 및 분석

Disabled Arts Research Center

제1절 장애예술인 FGI

1. 연구 참여자

본 연구에서는 장애예술인 예술활동 증명제도에 대한 의견을 제공해 줄 수 있는 당사자들의 의견을 직접 수집하는 방법으로 포커스 그룹 인터뷰(Focus Group Interview, FGI)를 진행하였다.

FGI는 2023년 8월 21일 오후 2시부터 4시까지 시각예술로 문학과 미술, 오후 4시부터 6시까지 공연예술로 음악과 무용, 연극 분야에서 진행하였으며, 시각예술, 공연예술 각각 120분 가량 소요되었다. 연구 참여자는 문학(시, 평론), 미술(서양화, 동양화), 음악(작곡, 싱어송라이터), 대중예술(무용, 연극) 분야에서 각 2명씩, 모두 8명의 장애예술인이며, 장애 유형(지체, 뇌병변, 시각, 자폐성장애)을 고려하여 의도적 표집(purposive sampling)으로 선정하였다.

본 연구소에서는 장애예술인 욕구에 기반한 정책 연구로 2023년에 3편의 보고서 발표를 목표로 세우고 진행을 하고 있는데 연구의 연속성을 위해 연구 참여자 8명 가운데 6명은 장애예술인증명제도 연구에 참여했던 연구 참여자들을 그대로 선정하였고, 음악 부문은 장르의 변화를 주기 위해 2명의 연구 참여자를 새로 선정하였음을 밝힌다. 이번 연구의 연구 참여자의 특성은 아래 〈표4〉와 같다.

〈표4〉 장애예술인 FGI 참여자 특성

구분	분야	성별	연령대	장애 유형	활동기간	장애원인	학력
참여자1	문학	여	50대	뇌병변	20~30년	뇌성마비	전공관련 대학 졸업
참가자2		여	50대	지체	20~30년	소아마비	대학원 졸업
참여자3	미술	여	60대	지체	10~20년	소아마비	고등학교 졸업
참여자4		남	20대	자폐성	5~10년	사고 충격	고등학교 졸업
참여자5	음악	남	40대	뇌병변	10~20년	뇌성마비	고등학교 졸업
참여자6		남	30대	시각	10~20년	선천성 백내장	고등학교 졸업
참여자7	무용	여	50대	지체	20~30년	척수마비 (낙상사고)	대학교 졸업
참여자8	연극	남	20대	뇌병변	5년 미만	뇌병변	대학교 졸업

참여자는 모두 장애인 문제를 논리적으로 설명할 수 있는 학력과 관련 분야에서의 경력을 갖추고 있으며, 장애정도는 7명이 심한 장애로 87.5%이다. 연구 참여자들은 인터뷰 내내 아주 진지한 자세로 자신의 경험을 소개하며 다른 참여자의 사례에 깊이 공감하거나 반론을 펴기도 하고, 서로 의견을 조율하기도 하면서 장애예술인 증명제도 시행으로 제공되기를 원하는 장애예술인 지원 서비스에 대해 서로 경쟁하듯 의견을 내놓았다. 연구 참여자의 구성은 〈표5〉와 같이 정리할 수 있다.

성별은 남성과 여성이 각각 50%이며, 연령대는 20대부터 60대까지 고루 분포되어 있는데 50대가 37.5%로 가장 많았다. 장애 유형은 지체, 뇌병변, 시각, 자폐성발달장애로 지체장애와 뇌병변장애가 동율로 합하면 75%로 절반 이상을 차지하였고, 활동기간은 20년 이상 30년과 10년 이상 20년 미만이 동율로 합하여 75%이었다. 학력은 대학 이상 학력이 50%이고 그 가운데 예술 전공율은 25%로 나타났다.

〈표5〉 장애예술인 FGI 참여자 구성

(단위: 명)

구분	특성	빈도	특성	빈도
성별	남	4	여	4
연령대	20대	2	30대	1
	40대	1	50대	3
	60대	1		
장애 유형 (주장애 기준)	지체	3	청각	0
	뇌병변	3	자폐성	1
	시각	1		
활동기간	5년 미만	1	10년 이상 20년 미만	3
	5년 이상 10년 미만	1	20년 이상 30년 미만	3
최종학력	고등학교 졸업	4	대학교 졸업	4

2. 자료 수집 과정 및 인터뷰 질문

FGI 관련 가이드라인은 장애예술인에 대한 법적 규정과 장애인예술의 국내외 정책에 대한 문헌을 검토하여 연구위원의 자문을 받아 반구조화된 형태로 질문지를 개발하여 FGI에 활용하였다. 장애예술인 창작물 우선구매제도 시행에 발생할 수 있는 문제점을 찾아내고 그것을 어떻게 해결할 것인지에 대한 토론을 자유롭게 진행하였다. 의사소통이 제한적인 발달장애인은 보호자가 인터뷰에 대신 참여하였으며, 참여자 중 시각장애인은 질문 내용과 장애예술인 창작물 우선구매제도에 대한 기초자료를 텍스트로 제공하였다. 인터뷰 내용은 참여자의 동의를 얻어 녹음하고, 축어록을 작성하여 분석하였다.

3. 연구의 엄격성과 윤리적 고려

본 연구에서는 동료집단의 구성과 자료를 남기기 위해 연구 엄격성 확보에 노력하였다. 자료 수집과 분석 과정은 연구위원의 자문을 통해 진행되었다.

본 연구의 연구 참여자들에게는 사전에 연구 목적과 내용에 대해서 충분히 파악하도록 고지하였으며, 연구 질문지를 인터뷰 일시 3주 전에 송부하여 충분히 생각하고 인터뷰에 응하도록 하였다. 또한 연구 참여자들의 개인정보 노출을 최소화할 것을 약속하는 등 윤리적 고려를 하였다.

제2절 내용 분석

1. 시각예술

1) 해결점

연구 참여자들은 장애예술인 창작물 우선구매제도에 대한 깊은 이해를 갖고 있어서 이 제도가 갖고 있는 문제점부터 지적하였다. 우선 이 제도의 신청인이 장애예술인 당사자가 개인 자격으로 신청하는 것은 당연하지만 본인이 할 수 없는 경우에 대한 예외 조항이 필요하다는 지적부터 시작하였다.

- **발달장애는 누군가 대신 신청**

  저만 해도 단체는 있지만 제가 장애예술인은 아니잖아요. 그러면 장애예술이 단체로 인정을 받지 못해요. 발달장애는 누군가가 대신 등록을 해 줘야 해서 장애예술인 본인이 신청하는 규정에 예외가 필요합니다.(연구 참여자4)

- **장애예술인을 이용할 수도**

  중도에 약간의 장애를 갖게 된 분이 대표가 돼가지고 우선구매제도를 홍보를 하면서 회원들을 모으고 있더라고요. 지금 현재 15명이 모아졌어요. 이렇게 자기 사업을 목적으로 장애예술인들이 뭣 모르고 이용만 당한다는 말도 있었고….(연구 참여자3)

연구 참여자들이 걱정하는 것은 예술작품을 창작한 단체의 대표자가 장애예술인이면 이 제도를 이용할 수 있기 때문에 사업 수완이 좋은 사람이 장애예술인을 앞세워 영리 목적으로 단체를 만들어 장애예술인을 이용할 수 있고, 전시기획자가 장애예술인이거나 초대작가의 50% 이상이 장애예술인이면 우선구매제도 대상이 된다는 것도 악용될 우려가 있다고 염려하였다.

2) 어떻게 팔까?

연구 참여자들이 중점적으로 논의한 것은 장애예술인 창작물을 어떻게 팔까 하는 문제였다. 연구 참여자 가운데에는 '우선'이라는 단어가 의무인 동시에 시혜적인 느낌이 있어서 이 제도가 장애예술인의 예술활동을 장애 속에 가두게 될지도 모른다는 지적을 하기도 하였지만 장애예술인이 처한 불균형적 상황 속에서는 우선구매제도를 잘 활용하여야 한다는데 동의하였다.

그래서 제안한 것이 홍보 문제이다. 우선구매제도에서 가장 소외된 문학은 특히 홍보의 중요성을 강조하였기에 그 홍보 방안에 대한 의견을 물었다.

- 문학은 홍보가 우선

  장애인문학은 홍보가 안 돼서 많은 사람이 접하지 못해서 그걸 잘 모르는 경우가 많잖아요. 판다기보다 작품을 홍보할 수 있었으면 좋겠다는 생각이 드는데, 예스24나 알라딘이나 이런 데 보면 굿즈들이 있잖아요. 굿즈에 문학 구절을 넣는다던지 그렇게 해서 어쨌거나 홍보가 중요해요.(연구 참여자2)

연구 참여자들이 문학 홍보공간으로 내놓은 의견은 다양하면서도 구체적이었다. 미술 분야 연구 참여자들도 문학 활성화를 위해 적극적으로 의견을 제안하였다.

- 장애인문학 카페에서 책도 팔고

  그런 공간이 좀 활성화돼서 제 문학도 책으로 팔고, 장애문인이 직접 문학카페도 운영하고 그러면 좋겠어요.(연구 참여자1)

- 북 콘서트

  큰 대형서점에서 주말마다 작가의 생각을 듣는 북 콘서트를 열면 굉장히 반응이 좋을 수도 있어요.(연구 참여자4)

- 작은 개인 서점들도 참여

  요즘 서점 주인들만의 개성이 있는 카페나 개인서점이들이 지역마다 굉장히 활성화되어 있더라고요. 작은 개인 서점들도 1년에 한 번 정도는 장애인 작가를 위한 북토크를 열도록 권장을 했으면 좋겠어요.(연구 참여자2)

- 노들섬 서점은 당연히 참여

　서울시에서 운영하는 노들섬 서점에서 6개월에 한 번, 분기별로 한 번 그렇게 장애인작가에게 기회를 주면 장애인문학 활성화에 도움이 되지 않을까 싶습니다.(연구 참여자4)

- 음식점 카페에 책 비치

　요즘은 식당 같은 데서도 음식점 한쪽을 카페로 만들어서 커피를 공짜로 주면서 책 보고 이런 것도 있더라고요.(연구 참여자3)

- 무인 카페도

　무인 카페처럼 차를 마시면서 그림도 보고 책도 읽을 수 있으면 오다가다 지나가면서 들르지 않을까요.(연구 참여자2)

- 기업에서도

　장애인 인식개선 교육으로 북 콘서트를 기업에 가서 하면 되죠.(연구 참여자4)

- 지하철 승강장에

　지하철에서 매년 시민공모 작품을 승강장마다 붙여 놓잖아요. 각 스크린도어에 붙어 있는 시를 볼 때마다 저기에 장애시인의 작품이 한두 작품씩은 걸어도 좋겠다고 생각했어요.(연구 참여자2)

- 기업에서 책 구입해서 보급

　책 또한 한 기업에서 100권이나 1,000권 이렇게 구매를 해서 그 회사에서 운영하는 카페라든지 도서실이라든지 이런 데 그냥 배치할 수 있도록 하는 그런 방안은 없나요?(연구 참여자2)

- 학교 권장도서에 포함

　학교 권장도서 리스트 안에 넣어서 선택할 수 있는 폭을 제시해 줬으면 좋겠어요.(연구 참여자4)

- 장애인식개선강사에 문인도 포함

　우리도 강의를 해서 강의료도 받고 책도 팔고 그런 것도 괜찮을 것 같아요.(연구 참여자1)

미술 분야 연구 참여자들은 작품을 판매한 경험이 있기 때문에 작품 판매에 있어서 우선구매제도를 어떻게 실행해야 문제가 발생하지 않는지에 대한 의견이 뚜렷하였다.

• 제도권 안에서의 판매 규정 마련

'추천해라 너희가 이 기업에 맞는 작품으로 뭐가 좋겠냐?'고 장문원에 추천권을 준다면 작가 입장에서는 약간의 공정성에 어긋나는 일도 생길 것 같구요.

또 하나는 미술 같은 경우는 작품 가격이 굉장히 천차만별이거든요. 현재는 작가가 그거를 결정하는 시스템인데, 제도권 안에서의 판매일 경우는 그 범위가 정해져 있어야 될 거라고 생각을 해요. 호 당으로 작가의 경력에 따라서 얼마 얼마 이렇게 세분화가 되서 규정해 주지 않으시면 작가는 솔직히 많이 받고 싶지요.(연구 참여자4)

• 작품 가격의 조율

일단은 본인이 (가격을) 제시하는 게 1차라고 생각하거든요.

자기 작품인데 자기 기준이 있잖아요. 그리고 나서 조율을 하는 거죠.

경기도청 00센터에서 작품료를 일률적으로 정해져서 문제가 된 거예요. 제가 말한 오픈 갤러리는 1대1로 전문가가 붙어가지고 조율을 해 준 곳이고… 지금은 조율을 하니까 진행이 잘 되고 있고.(연구 참여자3)

• 작품 촬영의 질을 높여야

사람을 불러 찍으면 일단 비용이 들기 때문에 너무 버거워요. 사실 찍을 장소도 마땅치 않고 그래서 핸드폰으로 찍으면 정해진 화소에 맞지 않는다고 퇴짜를 맞기도 해요.(연구 참여자3)

• 전문 스튜디오가 필요

작품 사진의 퀄리티를 원한다면 이제 장문원에서 스튜디오랑 연결을 해서 예약제로 가서 찍으라고 하면 좋겠어요.(연구 참여자4)

• 작품 보증서

작품 인증서를 과연 어디서 해야 되는 건가? 장문원에서 하면 그 인증서 발행도 관공서의 문서니까 문서비가 필요하겠고, 어떤 경우는 작가가 직접 자기가 써서 붙여서 파는 경우도

있거든요

　이 작품은 몇 년도에 어떤 작가가 어떤 재료로 어떤 사이즈로 그렸다는 캡션이랑 작품 가격이 확실히 제시가 돼서 장문원에서 판매하였음을 증명합니다 이런 보증서가 필요해요.(연구 참여자4)

• 판매를 위한 큐레이터가 있어야

　보통 갤러리에서 그림을 팔면 큐레이터가 가이드를 하잖아요. 그랬을 때 7대3, 심하면 8대2, 요새는 5대5까지도 내려갔어요. 장문원에서… 이런 큐레이터 역할을 해야 원활한 운영이 될 텐데…그냥 작품만 등록시킨다고 판매가 이루어질까요?(연구 참여자4)

• 작품 배송 문제

　갤러리에서는 작품을 가지러 오는데 작가가 가져가면 소정의 교통비를 주겠다고 하는 경우도 있어요. 저 같은 경우도 굉장히 힘들거든요. 하나씩 그걸 들고 나르고 하는 게 되게 어려워요. 이게 누가 도와준다고 해도 문제가 생겨요. 작품이 파손될 수 있거든요.(연구 참여자3)

　작품이 갤러리 안에 들어오기 전까지는 자기네 책임이 아니라는 거예요. 우리 입장에서는 우리가 장애인인데 손도 까딱 안 하는 갤러리가 너무 야박하다고 생각할지 모르지만 갤러리는 그것이 철칙이예요.(연구 참여자4)

　연구 참여자들은 우선구매제도를 이용하기 위해서는 수행기관인 (재)한국장애인문화예술원 홈페이지의 아이콘 '우선구매'에 들어가서 작품을 업로드 즉 올리는데 필요한 중요한 제안을 하였다. 우선 작품 사진을 전문으로 촬영하는 스튜디오가 있어야 하고, 작품 가격을 어떻게 정할 것인가와 작품 보증서는 만들어야 하고, 작품 배송 문제 해결은 물론이고, 판매를 기다릴 것이 아니라 큐레이터가 판매를 위해 설명하며 중개 역할을 해야 한다는 등 미술 분야 우선구매 실행에 필요한 내용들이 많이 나왔다.

3) 지향점

　연구 참여자들은 우선구매제도가 자연스럽게 진행되기 위해서는 장애예술인들이 언제든지 찾아와서 서로 정보를 교환할 수 있는 비영리 공간이 필요하고, 장애예술인 자신도 지켜야 할 매너 즉 상도가 필요하다고 하였다.

- 장애예술인이 모이는 사랑방 필요

  우리 예술인들이 모일 수 있는 살롱 같은, 사랑방 같은 역할을 하는 비영리 공간이 있으면 좋죠.(연구 참여자4)

- 작가가 지켜야 할 매너

  작가에 대한 정체성과 그 어떤… 작가가 지켜야 할 매너도 제시가 되어야 한다고 생각해요. 자기는 돈 안 들이고 싶으니까 싸구려 물감에 싸구려 재료에 이렇게 해 놓고서 그러면(돈만 요구하면) 안 되죠. 힐링을 사고파는 사업이기 때문에 작가들에 대한 매너 교육도 장문원에 서 실시하여야 해요.(연구 참여자4)

시각예술은 우선구매로 무엇을 팔 것인가는 분명하였다. 문학은 도서를 팔면 되는데 책 출 간이 어렵기 때문에 판매할 상품이 없다는 것이 가장 큰 고민이었다. 그래서 오래전에 출간 된 책일지라도 그것을 알릴 수 있는 북콘서트 등을 통해 작가들의 활동이 활성화되어야 작 가로서 창작할 수 있는 기반이 마련될 것이다. 도서는 책 출간 시 ISBN을 받기 때문에 작품에 대한 인증은 필요 없다.

미술 분야는 화가가 그린 작품이 바로 상품이 된다. 개인이 상품을 만들기 때문에 공적인 과정을 거치지 않는다. 그래서 작품이 공정하게 판매될 수 있도록 시스템을 마련해야 한다. 화가들의 경쟁이 심화되어 민원으로 상대방을 공격하는 불상사가 발생하면 미술 전체가 외 면을 당할 수도 있다.

2. 공연예술

1) 뭘 올릴까?

공연예술의 연구 참여자들은 '뭘 올릴까?'에 대한 걱정이 가장 컸다. (재)한국장애인문화예 술원 홈페이지의 아이콘 '우선구매'에 올릴 것이 마땅치 않아서 고민을 하는 가운데 나온 내 용을 정리하면 다음과 같다.

• 공연 사진

공연은 동영상으로 보지만 무용의 가장 역동적인 부분을 포착한 사진도 멋있어요.(연구 참여자7)

• 작곡은 음악의 기본

작곡이라는 거는 음악의 기본 작업이라서 보여 주기가 애매해요. 음원은 형체가 없는 것이라서 시각적으로 판단할 수가 없잖아요.

하지만 모든 예술 분야에 음악이 빠지는 경우가 없더라고요. 그래서 음악 특히 작곡은 음악과 묻어가야 할 듯.(연구 참여자5)

• 영상 포트폴리오

모델이든 그런 공연 예술이든 다 시각적인 게 있고 하니까 영상화가 될 수 있단 말이에요. 그래서 우리 활동을 영상으로 만들어서 전문 유튜브 플랫폼에 올려 놓으면 그 자체가 포트폴리오가 되지 않을까요.(연구 참여자8)

• 공익성을 살려서 메시지 전달

여기는 공익성에 대한 것들이 아무래도 더 주가 될 테니까 조금 더 메시지가 더 강한 음악이 필요하겠죠.(연구 참여자6)

• 발표된 작품이 아니여도 창작하여 올림

작곡가 입장에서는 장문원에서 작품을 올리라는데 뭘 올려야 되지 개념이 안 서잖아요. 뭐 하나에 집중해 가지고 예를 들면 스페셜K도 로고송이 없잖아요? 광고 같은 거 없잖아요. 우리가 찾아서 제작해 가지고 작품으로 올리는 거예요.(연구 참여자6)

• 작곡가로 등록하기 힘들어

작곡가는 음악을 봐주고, 녹음실에서 디렉터 역할도 하고 공연스태프로 참여하고, 이런 일을 하니까 작품에 등록이 안 돼요. 작곡가로 작품을 등록 하려면 오로지 내가 작곡한 노래를 앨범을 내야돼요. 그런데 앨범을 낸다는 것이 쉬운게 아니거든요.

돈이 엄청나게 들어가요. 보컬부터 시작해서 편곡, 믹싱, 음원 발매까지 과정이 복잡해서

개인적으로 노력한다고 되는 일이 아니예요.(연구 참여자5)

연구 참여자들은 장르별로 뭘 올릴까에 대한 내용이 다양했지만 중요한 제안은 이미 발표된 작품만 올려야 된다고 생각하지 말고, 자기 실력을 드러낼 수 있는 창작을 해서 '우선 구매'에 올리자고 하였는데 이것이 오히려 더 효과적일 수 있다는 생각이 든다. 하지만 그런 창작을 영상으로 제작하는데 비용이 발생하기 때문에 장애예술인 창작지원금제도의 필요성이 더욱 절실히 다가온다.

2) 무엇을 팔까?

연구 참여자들은 '뭘 올릴까'에 이어 '무엇을 팔까'라는 질문을 던지자 더욱 적극적으로 의견을 내놓았지만 공연은 티켓을 판매하고, 다른 장르는 우선구매 의무기관에서 모델로 섭외하거나 로고송 제작 의뢰가 오는 등 의무기관 욕구에 맞는 상품을 맞추는 방법으로 의견이 모아졌다.

- 무용은 티켓 판매

  무용 같은 경우에는 공연장소 등 모든 것이 다 준비된 상황에서 공연 티켓밖에 팔 것이 없네요.(연구 참여자7)

- 나의 장르 소개

  나는 이런 이런 장르가 가능하다는 걸 투자자들한테 보여 줄 수 있게 인프라를 만들면 연극 배우를 넘어서 모델 섭외할 때도 도움되지 않을까요.(연구 참여자8)

- 콘텐츠를 선택할 수 있도록

  다양한 홍보 영상을 올려서 행사하는 사람들이 '우리 행사에 이런 공연을 해 주면 좋겠다.' 그런 선택 사항을 알려 주는 게 나을 것 같아요.(연구 참여자7)

- 공연 기획안과 연극 시나리오도 상품

  축제 프로그램 중간중간에 시간을 메울 때 뭔가를 넣어야 돼요. 노래는 너무 짧고 연극이 필요할 때가 있어요. 축제 성격에 따라 시나리오를 만들어 놓으면 반드시 기회가 생겨요.

시나리오를 보고 무대에 올릴 수 있냐고 물으면 '연기자들은 이런 사람들이다.'라고 제시할 정도가 되어야 해요.

시나리오가 아니더라도 기획안을 만들어서 올려놓을 필요는 있어요. 장애인계는 직원이 사회복지사여서 예술에 대해 잘 모르거든요. 그래서 행사를 어떻게 해야할지 잘 몰라요.(연구 참여자6)

• 무용 안무 샘플화

초등학교에 가면 예술강사가 오더라구요. 레크레이션 강사가 학생들끼리 친해질 수 있는 무용을 가르친다고 할 때 안무는 레크레이션 강사가 창작할 수 없는 영역이란 말이에요. 만약에 샘플화돼 있는 것이 있다면, 저 같으면 그걸 구매할 것 같아요. 그래서 처음 만나서 친해지는 무용, 자기를 소개하는 무용 등 주제를 갖고 안무 샘플을 만들어 놓는 거예요.(연구 참여자6)

• 공연 홍보 영상

연극 같은 경우는 한 작품을 가지고 여러 군데를 돌아다니면서 공연을 할 수 있기 때문에 그 작품을 짧게라도 영상으로 제작해서 '이 작품을 어디에서 공연할 수 있습니다'라고 프로모션을 하면 공연 섭외가 들어오지 않을까요.(연구 참여자8)

연구 참여자 FGI를 통해 우선구매 현장에서 유용하게 사용할 수 있는 내용들이 많이 제시되었는데 그 가운데 고객들이 선택할 수 있도록 다양한 콘텐츠를 올리자는 것이었다. 행사기획안, 연극 시나리오도 훌륭한 상품이 될 수 있다고 하였다.

그리고 우선구매의 고객은 공공기관이어서 내용에 공익성을 살려서 무용, 음악, 연극, 모델 등의 분야에서 작품을 샘플화하자는 의견은 매우 유용하다. 무용을 주제와 대상에 맞춰 안무 유형을 만들고, 작곡도 역시 무용 안무에 맞춰서 샘플을 창작한다. 장애인 인식개선이라는 목적에 사용할 수 있는 연극 샘플과 모델을 어떻게 활용할 수 있는지에 대한 샘플도 제공하면 선택을 하는 입장에서는 보다 쉽게 결정을 할 수 있을 것이다.

3) 지향점

공연예술 분야 연구 참여자들은 우선구매제도의 첫 번째 시장으로 장애인계를 먼저 공략

할 필요가 있다고 하였다. 그동안 장애인계에서조차 장애예술인에게 기회를 주지 않았지만 이제는 장애인예술에 대한 관심이 높아졌기에 넓은 시장이다.

그리고 서로 다른 장르에서는 장애인예술 시장도 활용해야 한다. 행사 시나리오를 기획사 작가가 쓰고 있지만 그것을 장애인작가에게 맡기고, 공연 음악 등도 장애인작곡가 등에게 의뢰하면서 상부상조 해야 한다는 것이다.

• 장애인예술 시장은 장애인계부터 공략

대부분 공연은 수요자한테 맞춰서 하게 돼 있어요. 진짜 맞춤으로 파는 거죠.

공적인 기관에서 분명히 수요는 있을 거라 생각하거든요. 예를 들면 장애인 인식 캠페인을 할 때라던가… 테마가 있으면 좋을 것 같아요. 스토리가 있는 음악… 이런 식으로 해서 그 제목만 보고 '한번 들어 보고 싶다.'라는 생각이 들도록 하는 거요. 비장애인들이 모르는 부분을 장애예술인들이 맡아서 하는 거예요(연구 참여자6).

• 우리부터 장애인예술 시장 활용

무용도 작품을 만든다거나 안무를 할 때 음악을 따로 요청하는데, 우리부터 장애예술인에게 부탁을 해야 하는데 잘 모르니까 비장애음악인과 작업을 하는데 우리부터 우리 예술시장을 활용해야 할 듯해요.(연구 참여자7)

• 저작권을 포기해야

제가 시각장애인도서관에 로고송을 2~3개 만들었는데 저작권까지 다 넘겨줬어요. 저작권까지. 왜냐하면 제가 그걸 가지고 있어 봤자 소용이 없어요. 관내에서 만 틀잖아요. 저작권을 제가 갖고 있으면 도서관은 저작권료 때문에 외부로 홍보할 때 로고송을 사용하지 않아요.(연구 참여자6)

• 작품 공유로 홍보

무작정 '내 작품을 올려야지'가 아니고 사람들이 내 작품을 올릴 수 있도록 하는 시스템도 필요해요.(연구 참여자5)

• 상업광고 모델도

모델계는 늘 새로운 사람을 찾기 때문에 교체가 빠른 편이예요. 근데 장애인모델이 그렇게 많지가 않아서 한번 모델을 선 사람에게 기회가 와요. 기업의 사회적 공헌을 알리는 ESG 광고만 찍었는데 앞으로 상업 광고에서도 섭외가 들어갔으면 좋겠어요.(연구 참여자8)

공연예술 분야 연구 참여자들은 현재로서는 야박하지 않게 베풀어야 한다고 했다. 출연료를 정해 놓고 그 이하는 안 된다는 것이 몸값을 올리기는커녕 섭외가 막히는 결과가 되기도 한다. 의미 있는 행사에 참여하면서 자신을 충분히 홍보하고, 경우에 따라서는 저작권보다는 많이 활용되는 쪽을 택하는 것이 더 큰 투자가 될 수 있다고 하였다.

장애인예술이 공익을 넘어 상업시장에서도 찾는 날이 올 수 있도록 장애예술인 스스로 실력을 키워야 한다는 자기 반성도 연구 참여자들은 털어놓았다.

장애예술인들은 토론의 장을 마련하자 당사자로서 현장에서 느낀 점을 문제로 지적하고, 그것을 해결할 수 있는 방안을 제시하면서 앞으로 나가야 할 방향까지 다양한 의견을 내놓았다. 그러면서 이런 토론의 자리에 처음 참여했는데 재미있다는 소감을 밝히기도 하였다.

이렇게 적극적으로 토론한 시각예술과 공연예술에 참가한 FGI 연구 참여자들이 장애예술인 창작물 우선구매제도를 위해 제안한 의견들을 정리하면 〈표6〉과 같다.

〈표6〉 FGI 참가자의 장애예술인 창작물 우선구매제도에 대한 의견

	뭘, 어떻게 팔까	지향점
시각예술	−문학은 홍보가 우선 −장애인문학 카페에서 책도 팔고 −학교 권장도서 −제도권 안에서의 판매 규정 필요 −작품 사진 전문 스튜디오 −작품 보증서	작가가 지켜야 할 매너
공연예술	−무용은 티켓 판매 −콘텐츠 선택할 수 있도록 −공연 기획안과 연극 시나리오도 상품 −작곡은 음악의 기본 −무용 안무와 작곡 샘플화 −공연 홍보 영상	−장애인예술 시장은 장애인계부터 공략 −우리부터 장애인예술 시장 활용

제4장

장애예술인 창작물
우선구매제도

Disabled Arts Research Center

제1절 장애예술인 창작물 우선구매제도 모형

1. 법적 근거

장애예술인의 창작물이 우선구매 생산품으로 적용되었으나 법 규정이 명확하지 않아서 제도 진입이 어려워 장애예술인의 경제적 자립에 기여하지 못하는 측면이 있었기에 우선구매 대상에 장애예술인의 창작물을 명시하는 「중증장애인우선구매특별법」 개정을 꾸준히 요구하였다.

그래서 국민의힘 김예지 의원이 「중증장애인생산품 우선구매 특별법률」에 장애예술인 창작품 및 실연(實演)을 중증장애인생산품으로 규정하여 장애예술인 생산품의 판로 개척을 도모하고자 「중증장애인우선구매특별법」 일부개정안을 2021년 5월 대표발의하였지만 폐기되었다. 그래서 2021년 7월 김예지 의원은 이 내용을 주요 골자로 한 「장애예술인지원법」 일부개정안을 발의하여 2022년 9월 국회 본회의를 통과하였고, 마침내 '장애예술인 창작물 우선구매제도'가 2023년 3월 28일부터 시행되고 있다.

「장애예술인지원법」 제9조의2(장애예술인의 창작물 우선구매)에서 소비자 범위, 정부의 의무, 생산자 범위를 다음과 같이 정하고 있다.

• **소비자 범위**
① 국가, 지방자치단체 및 「공공기관의 운영에 관한 법률」 제4조에 따른 공공기관(이하 이 조에서 "공공기관"이라 한다)은 장애예술인이 생산한 창작물의 우선구매에 필요한 조치를 마련하여야 한다.

• **정부의 의무**
② 국가 또는 지방자치단체는 제1항에 따라 우선구매를 하는 기관 등에 예산의 범위에서 재정지원을 하는 등 필요한 지원을 할 수 있다.

• **생산자 범위**
③ 제1항에 따른 공공기관의 범위 및 창작물의 종류 등 우선구매를 위한 조치 마련에 필요한 사항

은 대통령령으로 정한다.'를 근거로 한다.

「장애예술인지원법」제9조의2에 따라 마련된 시행령 내용은 다음과 같다.

제5조의2(장애예술인의 창작물 우선구매) ① 법 제9조의2제1항에 따라 장애예술인이 생산한 창작물의 우선구매에 필요한 조치를 마련해야 하는 「공공기관의 운영에 관한 법률」 제4조에 따른 공공기관(이하 이 조에서 "공공기관"이라 한다)의 범위는 같은 법 제5조에 따른 공기업, 준정부기관 및 기타공공기관으로 한다.

② 법 제9조의2제1항에 따라 국가, 지방자치단체 및 공공기관(이하 이 조에서 "우선구매기관"이라 한다)이 우선구매에 필요한 조치를 마련해야 하는 공예품, 공연 등의 창작물(이하 "창작물"이라 한다)의 종류는 다음 각 호와 같다.

1. 「공예문화산업 진흥법」에 따른 공예품

2. 「공연법」에 따른 공연

3. 회화, 조각, 사진, 서예, 벽화, 미디어아트 등 미술품

③ 우선구매기관은 법 제9조의2제1항에 따라 <u>구매총액을 기준으로 해당 연도에 구매하는 창작물의 100분의 3 이상을 장애예술인이 생산한 창작물(이하 "장애예술인 창작물"이라 한다)로 구매해야 한다.</u> 다만, 우선구매기관의 특성상 본문에 따른 우선구매비율 이상을 장애예술인 창작물로 구매하기 어려운 우선구매기관의 장은 문화체육관광부 장관과 협의하여 우선구매비율을 따로 정할 수 있다.

④ 우선구매기관의 장은 매년 1월 31일까지 전년도 장애예술인 창작물 우선구매 실적을 문화체육관광부 장관에게 제출해야 한다.

⑤ 문화체육관광부 장관은 우선구매기관의 장애예술인 창작물 우선구매를 지원하기 위하여 장애예술인 창작물의 구매를 중개할 수 있다.

⑥ 제1항부터 제5항까지에서 규정한 사항 외에 장애예술인 창작물 우선구매 실적의 산정기준 등 장애예술인 창작물 우선구매를 위한 조치 마련에 필요한 사항은 문화체육관광부 장관이 정하여 고시한다.

제8조의 제목 "(권한의 위탁)"을 "(업무의 위탁)"으로 하고, 같은 조 제1항에 제6호를 다음과 같이 신설한다.

6. 제5조의2제5항에 따른 장애예술인 창작물의 구매 중개에 관한 업무

2. 운영 방법

「장애예술인지원법」제9조의2(장애예술인의 창작물 우선구매)와 동법 시행령 제5조의2(장애예술인의 창작물 우선구매)에 따라 장애예술인 창작물 우선구매제도의 운영 방안을 제시하기 전에 먼저 업무수행기관인 (재)한국장애인문화예술원 홈페이지에 형성된 '우선구매' 아이콘의 콘텐츠 내용부터 살펴보기로 한다.

[그림7] (재)한국장애인문화예술원 홈페이지의 우선구매 아이콘

□ 우선구매 소개

• 대상 창작물

「공예문화산업지원법」에 따른 공예품

"공예품"이란 공예의 결과물로서 실용적 · 예술적 가치가 있는 물품을 말하며, 우리 민족 고유의 전통적인 기술 · 기법이나 소재 등에 근거하여 제작한 전통공예의 제품과 현대적인 소재나 기술 · 기법을 활용하여 제작한 현대공예의 제품을 포함하여 말한다.(공예진흥법 제2조 2호)

「공연법」에 따른 공연

"공연"이란 음악 · 무용 · 연극 · 뮤지컬 · 연예 · 국악 · 곡예 등 예술적 관람물을 실연(實演)에 의하여 공중(公衆)에게 관람하도록 하는 행위를 말한다. 다만, 상품 판매나 선전에 부수(附隨)한 공연은 제외함(공연법 제2조 1호)

-회화, 조각, 사진, 서예, 벽화, 미디어아트 등 미술품

> 미술품에 대한 법적 정의는 없어, 문화예술진흥법 시행령 제12조(건축물에 대한 미술작품의 설치) 상 미술작품의 예시 규정을 참고하여 회화, 조각, 공예, 사진, 서예, 벽화, 미디어아트 등으로 제시함

- **적용대상**

① 국가기관

-국회, 법원, 헌법재판소, 중앙선거관리위원회

-중앙행정기관(대통령 소속 기관과 국무총리 소속 기관을 포함한다) 및 그 소속 기관

② 지방자치단체

-「지방자치법」 제2조에 따른 지방자치단체

-「지방교육자치에 관한 법률」 제18조에 따른 교육감

③ 공공기관

-「공공기관의 운영에 관한 법률」 제5조에 따른 공기업, 준정부기관 및 기타공공기관

- **역할 분담**

장애예술인의 창작물 우선구매제도를 운영하는 주체별로 어떤 역할을 하는지 살펴보면 〈표7〉과 같다.

〈표7〉 장애예술인 창작물 우선구매제도 운영기관 역할

구분	대상자/기관	주요내용
총괄	문화체육관광부	-장애예술인 창작물 우선구매 법·제도 총괄
전담기관	한국장애인문화예술원	-장애예술인 창작물 유통플랫폼 운영 -창작물의 게시, 홍보, 중개 지원
구매자	공공기관	-장애예술인 창작물 구매 및 실적 제출
판매자	장애예술인	-장애예술인 창작물 게시 신청 및 판매

□ 추진 체계

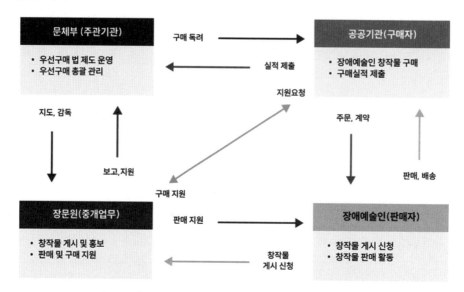

[그림8] 장애예술인의 창작물 우선구매제도 추진 체계

□ 구매자 매뉴얼

• 우선구매 기관의 범위

-2022년 기준으로 국가기관(59개), 지방자치단체(438개) 및 공공기관(350개) 등 총 847개 기관이 대상

〈표8〉 우선구매 대상기관

구분	합계	국가기관	지자체	교육청	공공기관		
					공기업	준정부 기관	기타 공공기관
기관수	847	59	245 (광역 17, 기초 228)	193 (광역 17, 지원청176)	36	94	220

• 우선구매 대상이 되는 창작물

-장애예술인이 생산한 공예품, 공연, 미술품이 대상이 되며, 형태는 재화(물품)과 용역(서비스)로 구분될 수 있음

• 우선구매 방법

-한국장애인문화예술원 구매중개 이용 시: 한국장애인문화예술원 누리집에 게시된 '장애
 예술인 및 장애예술인생산 창작물' 리스트 확인 → 장문원 담당자에 연락처 문의 → 장애
 예술인 당사자에 직접 연락하여 구매 협의 및 계약

-직접 구매 시: 장애예술인 창작물 확인 → 직접 구매 협의 및 계약

* 향후, 우선구매 플랫폼 구축을 통한 오픈마켓 형태로 운영 예정

• 우선구매 비율

-우선구매기관 단위로 회계연도 기간에 구매한 창작물 구매총액 100분의 3 이상이 장애예
 술인이 생산한 창작물일 것

• 우선구매 실적 제출 및 게시

-해당 회계연도의 창작물 구매 실적 및 장애예술인 창작물 구매 실적을 매년 1회(1월 31일까지)
 '문화체육관광부 장관'에 제출

-구매실적 제출 기관: 국가 및 지방자치단체는 문화체육관광부에 제출하고, 공공기관은 한국장애
 인문화예술원에 제출
-구매실적 제출 내용: 우선구매기관단위별로 「장애예술인 문화예술활동 지원에 관한 법률 시행령」
 제5조의2 제2항의 창작물 구매 총합과 구매 총합 중 장애예술인 생산물 구매 실적
---

* 전담기관인 '한국장애인문화예술원' 누리집에 실적 게시

• 「구매 계약」에 관한 규정

-국가, 지방자치단체, 공공기관은 「계약에 관한 법률」상 절차에 따라 계약이 가능하며,
 2,000만 원 이하의 경우 '수의계약'으로 「국가종합전달조달시스템(나라장터)」을 통하는 방식으
 로 구매가 가능

기관의 특성 및 여건에 맞춰 「기관별 회계기준」을 적용하여 구매가 가능
다만, 장애예술인이 「국가종합전자조달시스템(나라장터)」 통하여 국가 등과 계약하려면 개인 자격으
로 불가하고, 「개인 사업자 등록」 등의 절차가 필요

• 우선구매기관별 구매방식

-국가를 당사자로 하는 계약

국가를 당사자로 하는 계약에 관한 법률 시행령 제26조(수의계약에 의할 수 있는 경우) ① 법 제7조제1항 단서에 따라 수의계약을 할 수 있는 경우는 다음과 같다.

> 5. 제1호부터 제4호까지의 경우 외에 계약의 목적·성질 등에 비추어 경쟁에 따라 계약을 체결하는 것이 비효율적이라고 판단되는 경우로서 다음 각 목의 경우
> 2) 추정가격이 2천만 원 이하인 물품의 제조·구매계약 또는 용역계약

-지방자치단체를 당사자로 하는 계약

지방자치단체를 당사자로 하는 계약에 관한 법률 시행령 제25조(수의계약에 의할 수 있는 경우) ① 지방자치단체의 장 또는 계약담당자는 다음 각 호의 어느 하나에 해당하는 경우에는 법 제9조제1항 단서에 따라 수의계약을 할 수 있다.

> 5. 다음 각 목의 어느 하나에 해당하는 계약 나. 추정가격이 2천만 원 이하인 물품의 제조·구매계약 또는 용역계약

-기업·준정부기관

공기업·준정부기관 계약사무규칙 제2조(다른 법령과의 관계 등)

> ⑤ 공기업·준정부기관의 계약에 관하여 이 규칙에 규정되지 아니한 사항에 관하여는 국가를 당사자로 하는 계약에 관한 법령을 준용한다. 이 경우 "국가", "정부" 및 "국고"는 "공기업·준정부기관"으로, "중앙관서의 장"은 "기관장"으로, "계약담당공무원"은 "계약담당자"로 본다.

-기타공공기관

기타공공기관 계약사무 운영규정 제5조(계약의 방법)

> ① 기관장 또는 계약담당자는 계약을 체결하려면 일반경쟁에 부쳐야 한다. 다만, 계약의 목적·성질·규모 등을 고려하여 필요하다고 인정되면 참가자의 자격을 제한하거나 참가자를 지명하여 경쟁에 부치거나 수의계약을 할 수 있다.

• 입찰참가 자격의 등록

국가를 당사자로 하는 계약에 관한 법률 시행규칙 제15조(입찰참가자격의 등록)

⑤ 각 중앙관서의 장 또는 계약담당공무원은 제1항에 따라 등록을 받은 경우에는 「전자조달의 이용 및 촉진에 관한 법률」 제2조제4호에 따른 국가종합전자조달시스템(이하 "전자조달시스템"이라 한다)에 게재하여야 한다. 이 경우 전자조달시스템에 게재된 등록사항은 다른 중앙관서의 장 또는 계약담당공무원에게도 등록한 것으로 본다.

□ 판매자 매뉴얼
• 공공기관의 우선구매 대상인 장애예술인 생산 창작물을 게시함으로서 장애예술인의 창작물 유통 활성화 및 판로 개척 지원

• 장애예술인 창작물 종류는 공예품, 공연, 회화, 조각, 사진, 서예, 벽화, 미디어아트 등 미술품

• 장애예술인 생산 창작물 인정 범위
-창작자가 장애예술인일 것
-공동창작자 또는 초대작가의 100분의 50 이상이 장애예술인일 것
-창작물을 생산하거나 제작한 단체·법인의 대표자가 장애예술인일 것
-창작물의 연출, 감독, 지휘자, 극본·대본의 작가(국내 거주의 생존 작가에 한한다) 또는 전시기획자가 장애예술인일 것
-공연의 실연 또는 기술지원 인력의 100분의 50 이상이 장애인일 것
-그 밖에 제1호에서 제5호까지의 기준에 상응하는 창작물

• 공공기관과 「구매 계약 당사자」 자격
-장애예술인이 「국가종합전자조달시스템(나라장터)」 통하여 국가 등과 계약하려면 개인 자격으로 불가하고, 「개인 사업자 등록」 등의 절차가 필요

□ 우선구매 중개기관
-전담기관이 구매중개기관으로 지정되어 있으며, 한국장애인문화예술원(이하 장문원)이 전담기관으로 구매중개 수탁기관이 됨
-구매중개기관은 창작물에 대한 정보 제공 및 문의에 응답하고, 장애예술인 창작물 게시

등의 역할 수행

> 「장애예술인지원법 시행령 제5조의2 ⑤」 문화체육관광부 장관은 우선구매기관의 장애예술인 창작물 우선구매를 지원하기 위하여 장애예술인 창작물의 구매를 중개할 수 있다.
> 「제8조(권한의 위탁) ①」 문화체육관광부 장관은 법 제15조제2항에 따라 다음 각 호의 업무를 전담기관에 위탁할 수 있다. 6. 제5조의2제5항에 따른 장애예술인 창작물의 구매 중개에 관한 업무

• 우선구매에 관한 정보 제공

– 한국장애인문화예술원 '이음 누리집' 내에 구매중개 관련 소개 공간인 「우선구매 지원센터」를 만들고, 제도 안내와 구매자 · 판매자 매뉴얼, 장애예술인(단체)에 대한 정보를 제공하고, 향후 '이음 누리집' 개선을 통해 작품정보 등도 제공 예정

* 장기적으로, '23년에 「장애예술인 창작물 유통지원 플랫폼 개발 연구」를 통하여, '24년 「장애예술인 창작물 유통 특화 플랫폼」 구축으로 보다 체계적인 구매정보 제공 등이 이루어질 수 있도록 준비 중

• 신청시스템 이용절차

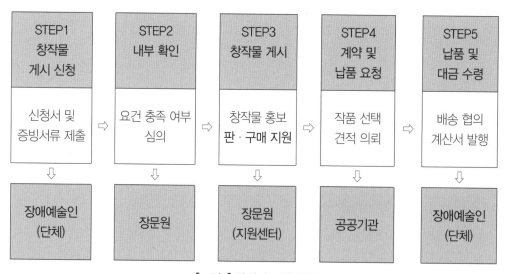

[그림9] 판매자 이용절차

제2절 실행 방안

2023년 6월 26일부터 시행되는 「장애예술인 생산 창작물 우선구매 고시」(문체부고시 제2023-35호)에서 장애예술인을 비롯한 이해 관계자들이 기본적으로 알고 있어야 할 내용은 다음과 같다.

1. 법적 준비

□ 창작물 구매총액

제2조(창작물 구매총액) ① 영 제5조의2제3항의 "구매총액"이란 우선구매기관이 해당 회계연도 기간에 영 제5조의2제2항 각 호의 어느 하 나에 해당하는 창작물을 구매한 금액의 총액을 말한다.
② 우선구매기관의 창작물 구매가 다음 각 호의 어느 하나에 해당하는 경우에는 그 비용을 구매총액에 합산한다. 다만, 미술관, 박물관의 소장·전시의 미술품·공예품 구매는 구매총액에서 제외한다.
1. 창작물을 직접 제작하거나 제작비를 분담한 경우
2. 기관 내·외부인의 관람 등을 위해 창작물을 구매하거나 전시 등을 위해 대여한 경우
3. 기관 내·외부인의 교육 등을 위해 공연·전시·프로그램 등 서비스를 구매하는 경우
4. 그 밖에 제1호에서 제3호까지의 기준에 상응하는 사항으로 해당 기관장이 승인하는 경우

이 조항을 자세히 살펴보면 공공기관에서는 장애예술인 창작물 우선구매제도에 부담을 가질 필요가 없다는 것을 알게 된다. 창작물을 직접 구매하는 것 외에도 여러 가지 방법이 있기 때문이다.

예를 들어 예술의전당에서 장애인예술 공연을 기획하여 올리거나 다른 단체에서 하는 장애인예술 공연 제작비의 50%(고시안에는 비율이 정해져 있었음)를 분담하면 그 비용이 창작물 구매총액에 합산된다. 어찌 그뿐인가, 전시를 위해 작품을 대여한 비용도 포함되고, 직원들의 장애인예술 프로그램 참여 비용과 교육을 위한 강사 초빙 비용도 창작물 구매총액에 포함된다.

위 고시 3호에 기념행사에 장애음악인을 참여시킨 사례비나 공익광고에 장애예술인을 출연시킨 출연료도 포함되리라고 본다. 그러나 장애문인 작품집 구매가 빠져 있다는 것을 분명히 밝힌다.

그런데 문화시설의 공공기관이 공연을 직접 제작하거나 제작비의 일부를 분담한 경우, 제작비용을 창작물 구매총액에 합산한다는 규정은 자칫 장애예술인이 아닌 장애인예술단체에게 더 많은 이익이 돌아갈 수 있다. 그래서 반드시 장애예술인의 출연료 규모를 정해야 한다.

또한 고시안에는 있었던 제3조(협의에 의한 우선구매 비율) '공공기관이 「박물관 및 미술관 진흥법」 제16조제1항에 따라 등록한 미술관의 소장품 구매, 「문화예술진흥법」 제9조에 따른 건축물 미술작품 설치 등 특별한 사유가 있는 경우에는 영 제2조의2제3항에도 불구하고 문화체육관광부 장관과 협의하여 장애예술인 생산 창작물의 우선구매 비율을 따로 정할 수 있다.'가 사라졌다.
그 이유는 대형 프로젝트에서 장애예술인을 제외시키기 위해서라고 생각할 수 있다. 이것은 「문화예술진흥법」 제9조에 따른 건축물 미술작품 설치에 문화체육관광부 장관과 협의하여 장애예술인 생산 창작물의 우선구매 비율을 따로 정할 수 있다는 규정으로 건물 밖에 설치되는 대형 조형물이나 건물 내의 벽면을 장식하는 미술작품에 장애예술인이 참여하도록 해 주겠다는 내용을 철회한 것이다. 이 내용이 왜 빠졌는지에 대한 설명이 반드시 필요하다.

□ 장애예술인 창작물 기준
제5조(장애예술인 창작물 기준) 영 제5조의2제3항의 "장애예술인 창작물"기준은 다음 각 호의 어느 하나에 해당하는 것으로 한다.
1. 창작자가 장애예술인일 것. 다만, 공동창작자의 경우 100분의 50 이상이 장애예술인일 것
2. 창작물을 생산하거나 제작한 단체 · 법인의 대표자가 장애예술인일 것
3. 창작물의 연출, 감독, 지휘자, 극본 · 대본의 작가(국내 거주의 생존 작가에 한한다) 또는 전시기획자가 장애예술인일 것
4. 공연의 실연 또는 기술지원 인력, 초대작가의 100분의 30 이상이 장애예술인일 것
5. 그 밖에 제1호에서 제4호까지의 기준에 상응하는 창작물

장애예술인이 생산한 창작물을 어떻게 규정할 것이냐는 앞에서도 언급이 되었지만 정리를 하자면 창작자가 장애예술인이어야 한다는 것을 기본으로 하여 공동창작일 경우는 장애예술인이 50%, 전시나 공연예술의 경우는 참여자의 30%가 장애예술인이어야 장애예술인 창작물로 인정받을 수 있다.
그런데 단체의 대표자, 감독, 전시기획자가 장애예술인이면 장애예술인 창작물로 인정한다는 것은 다소 악용될 우려가 있다.

□ 우선구매 실적 3년 기한

부칙 제2조(재검토기한) 문화체육관광부 장관은 이 고시에 대하여 2023년 1월 1일 기준으로 매 3년이 되는 시점(매 3년째의 12월 31일까지를 말한다)마다 그 타당성을 검토하여 개선 등의 조치를 하여야 한다.

고시안 제4조(우선구매 실적의 제출)에서 장애예술인 창작물 우선구매 실적 기간을 3년으로 정했었는데 이 내용이 부칙으로 빠져 '재검토기한'으로 표현이 바뀌었을 뿐 같은 내용이다. 따라서 매년 정기적으로 구매하는 대신 한번의 집중구매 현상이 염려된다. 만약 그해 작품이 없는 장애예술인은 우선구매제도를 이용할 수 없기 때문이다. 매년 구매 방식으로 전환해야 한다. 이 제도에 대한 첫 번째 평가는 2026년 6월 26일 이후에 나올 텐데 아마도 2025년도에나 장애예술인 창작물 우선구매제도는 활성화될 듯하다.

국민의힘 김예지 의원은 지난 2023년 3월 23일 국회 간담회의실에서 '장애예술인 창작물 우선구매제도, 새로운 도약과 미래발전 방향'을 놓고 긴급간담회를 개최하였는데 설미희(여, 뇌병변장애) 시인은 장애예술인 창작물 우선구매제도 시행령에 문학작품이 포함되지 않은 것에 대한 문제를 제기하였다.

에이블뉴스(2023.03.23)에서도 '공연과 공예품, 회화, 조각, 사진 등 다양한 미술품이 대상 창작물에 포함되지만 문학작품은 이 법안 시행령의 사각지대에 놓여 있다.'고 지적하였다. 그래서 문학을 '장애예술인 창작물 우선구매제도'에 포함시키기 위한 방안을 제시하면 다음과 같다.

• 법적 근거 : 「문학진흥법」 제2조(정의) 이 법에서 사용하는 용어의 뜻은 다음과 같다.

1. "문학"이란 사상이나 감정 등을 언어로 표현한 예술작품으로서 시, 시조, 소설, 희곡, 수필, 아동문학, 평론 등을 말한다.
2. "문학인"이란 문학 창작과 관련된 활동을 하는 사람을 말한다.
3. "문학단체"란 문학인들이 문학활동을 하기 위하여 조직·운영하는 단체를 말한다.

• 장애문학인 정의 : 「문학진흥법」 제2조(정의) 2항에 따라 "장애문학인"이란 문학 창작과 관련된 활동을 하는 장애인

• 장애문학인 증명: 장애인예술연구소에서 1호 보고서로 발표한 〈장애예술인 예술활동증 명제도 시행 방안 연구〉에 있는 아래 내용으로 증명

직업별 기준

–시인 · 수필가/ 최근 3년 동안 3편 이상의 시(시조 · 동시 포함), 수필 작품을 문예지 등에 발표
–소설가/ 최근 3년 동안 1편 이상의 단편소설(동화 포함), 평전 작품을 문예지 등에 발표
–희곡작가/ 최근 3년 동안 1편 이상의 희곡 작품을 문예지 등에 발표
–비평가/ 최근 3년 동안 2편 이상의 평론 작품을 문예지 등에 발표
–공통/ 최근 3년 동안 1권 이상의 문학작품집 출간

세부 기준

–1권 국제표준자료번호(ISBN/ISSN)를 부여받은 서적
–문예지 국제표준자료번호(ISBN/ISSN)가 부여된 월간지 · 격월간 · 계간 · 반연간 종합 문예지 · 잡 지, 장르별 문예지, 문학전문 주간지

자료

–작품정보(작품명 · 세부장르 · 작품수록면 · 작품분량 · 성격 등), 발행정보(발행처 · 발행일 · 국제표 준자료번호(ISBN/ISSN) 등), 참여정보(신청자명 · 신청자 역할) 등이 확인되는 자료
–웹소설 제출 시, 분량과 성격을 확인할 수 있는 완결된 작품 제출 필요하며, 작품표지+연재기간+ 국제표준자료번호(ISBN/ISSN)+신청자명 등이 확인 가능한 연재 플랫폼 화면 이미지 자료 제출
※ 개인이 자유롭게 글을 올릴 수 있는 온라인 매체 발표 실적은 인정되지 않음

• 장애인문학단체 증명 :「문학진흥법」제2조제3항에서 "문학단체"란 문학인들이 문학활 동을 하기 위하여 조직 · 운영하는 단체를 말한다.'고 하였듯이, 장애인문학단체란 장애문 학인들이 문학활동을 하기 위해 조직되어 운영하는 단체로「장애예술인 문화예술활동 지 원에 관한 법률」시행령에 따른 문화체육관광부 고시 제5조(장애예술인 생산 창작물 기준)에 따라 장애 문학인이 전체 구성원의 100분의 50 이상이 되어야 한다.

• 장애문학인 창작물 :「문학진흥법」제2조제1항에서 문학을 시, 시조, 소설, 희곡, 수필, 아동문학, 평론 등으로 정의하였듯이 그것이 종이책이나 전자북으로 출간된 도서는 문학 창작물이고, 그 창작자가 장애문학인이면「장애예술인 문화예술활동 지원에 관한 법률」시 행령에 따른 문화체육관광부 고시 제5조(장애예술인 생산 창작물 기준)에 해당된다.

장애문학인 창작물 기준(안)

단행본
－장애문학인 1인 창작집
－장애문학인 동인지, 앤솔러지(선집)
－장애예술인 가족이 쓴 책
－장애인예술 관련 전문서

잡지
－장애인예술을 콘텐츠로 발행되고 있는 잡지:『E美지』,『BF』,『꿈꾸는 마을』 등
－장애인문학 발전을 위해 문예지:『솟대평론』,『민들레』,『당산문학』 등

위와 같은 내용을 시행하기 위해서는『장애예술인지원법』시행령을 다음과 같이 개정하여야 한다.

제5조의2(장애예술인의 창작물 우선구매) ② 4 추가

4.『문학진흥법』에 따른 장애문학인 창작물

현 행	개 정 안
제5조의2(장애예술인의 창작물 우선구매)	제5조의2(장애예술인의 창작물 우선구매)
② 법 제9조의2제1항에 따라 국가, 지방자치단체 및 공공기관(이하 이 조에서 "우선구매기관"이라 한다)이 우선구매에 필요한 조치를 마련해야 하는 공예품, 공연 등의 창작물(이하 "창작물"이라 한다)의 종류는 다음 각 호와 같다. 1.『공예문화산업 진흥법』에 따른 공예품 2.『공연법』에 따른 공연 3. 회화, 조각, 사진, 서예, 벽화, 미디어아트 등 미술품 〈신설〉	(같음) 4.『문학진흥법』에 따른 장애문학인 창작물

이밖에 장애문학인은 세종도서[4]와 아르코문학나눔[5]의 3% 이상을 장애문학인 창작물로 배정하는 것이 장애인문학 활성화에 더 효과적일 것이라는 연구도 있다(한국장애학회, 2022).

---

4) 세종도서는 한국출판문화산업진흥원에서 실시하는 사업으로 교양과 학술 부문에서 약 950종의 우수출판 콘텐츠 도서를 선정하여 도서 정가 90% 금액으로 종당 800만 원 이내에서 도서를 구입하여 배포한다.
5) ARCO문학나눔은 한국문화예술위원회에서 실시하는 도서보급사업으로 시, 소설, 수필, 희곡&평론, 아동(청소년)문학 부문에서 약 500종의 우수작품 도서를 선정하여 도서 정가 90% 금액으로 종당 1,000만 원 이내에서 도서를 구입하여 배포한다.

2. 운영 절차

□ 운영 대상 규모

• '2018년 장애인 문화예술활동 실태조사'에 의하면 장애예술인 인구는 3만 2천여 명이다(장애예술인 6천여 명, 장애인예술활동가 2만 6천여 명).

• 한국예술인복지재단에서 실시하는 예술활동증명을 받은 장애예술인은 2,869명(23. 01. 17. 기준)이다.

□ 제도운영 주관기관: 문화체육관광부

• 장애예술인 창작물 우선구매 법 · 제도 총괄

• 공공기관 우선구매 독려 및 전담기관 중개업무 지도 · 감독 등

□ 장애예술인창작물위원회: 전담기관(장문원) 소속

문화체육관광부의 '장애예술인 생산 창작물 우선구매 고시'에 장애예술인창작물위원회 구성을 규정하고 있다.

> 제6조(장애예술인창작물위원회) ① 장애예술인창작물위원회는 법 제14조제1항에 따라 지정된 전담기관(이하 "전담기관"이라 한다)에 둔다.
> ② 장애예술인창작물위원회의 구성 및 운영에 관하여 필요한 사항은 전담기관의 규정으로 정한다.

• 기능: 우선구매와 관련한 장애예술인 창작물 해당 여부 심의

• 구성: 위원장 포함 7~11인 이내로 구성(임기 2년, 연임 가능)

-당연직: 장문원 사무국장, 문체부 담당 사무관

-위촉직: 장애예술계, 학계, 법률 전문가, 그 밖에 문화예술 분야에 풍부한 지식과 덕망을 갖춘 사람

□ 운영과정

'장애예술인 생산 창작물 우선구매 고시' 제5조(장애예술인 생산 창작물 확인 기준)에 따라 신청인은 다음과 같다.

• 신청인

① 장애예술인이 자신의 창작물에 대해 "개인자격"으로 신청

② 단체(협회)가 "기획자 또는 제작자의 자격"으로 신청

③ 단체(협회)가 소속 회원인 장애예술인(창작자)의 "위임"을 받아 대리 신청

• 창작물 유형

-예술활동증명에서는 11개 예술 분야에서 창작·실연·기술지원 및 기획의 형태로 활동
하는 예술인이 등록을 하고 있는데 11개 예술 분야는 아래와 같다.

> 문학, 미술(일반미술, 디자인.공예, 전통미술), 사진, 만화, 건축,
> 음악(일반음악, 대중음악), 국악, 무용, 연극, 영화, 연예(방송, 공연)

「문화예술진흥법」 제2조(정의)에서 문화예술 분야를 문학, 미술(응용미술을 포함한다), 음악, 무용,
연극, 영화, 연예(演藝), 국악, 사진, 건축, 어문(語文), 출판, 만화, 게임, 애니메이션 및 뮤지컬
로 규정하고 있다.

> ①이 법에서 사용하는 용어의 뜻은 다음과 같다.
> 1. "문화예술"이란 문학, 미술(응용미술을 포함한다), 음악, 무용, 연극, 영화, 연예(演藝), 국악, 사진,
> 건축, 어문(語文), 출판, 만화, 게임, 애니메이션 및 뮤지컬 등 지적, 정신적, 심미적 감상과 의미의 소
> 통을 목적으로 개인이나 집단이 자신 또는 타인의 인상(印象), 견문, 경험 등을 바탕으로 수행한 창
> 의적 표현활동과 그 결과물을 말한다.

-장애예술인연구소(2023)에서 발표한 〈장애예술인 예술활동 증명제도 시행방안 연구〉에
서는 문학, 미술/사진/건축, 음악/국악, 무용, 연극, 영화, 연예, 만화로 분류하였다.

「장애예술인지원법 시행령」 제5조의2(장애예술인의 창작물 우선구매)에 장애예술인 창작물 종류로 아
래와 같이 정하고 있다.

> 1. 「공예문화산업 진흥법」에 따른 공예품
> 2. 「공연법」에 따른 공연
> 3. 회화, 조각, 사진, 서예, 벽화, 미디어아트 등 미술품

이를 바탕으로 장애예술인 창작물 우선구매 상품의 카테고리를 제시하면 다음과 같다.

〈표9〉 장애예술인 창작물 우선구매 상품의 카테고리

실연		음악,국악, 무용, 연극, 뮤지컬, 영화(독립영화)
창작	시각예술	동양화, 서양화, 조각, 공예, 서예, 판화, 사진, 미디어아트, 디자인(삽화), 애니메이션 그림, 벽화
	문학	문학(시, 소설, 수필, 동화, 희곡 등), 웹소설, 웹툰, 만화

* 만화 등 스토리가 있는 것은 문학에 포함

- **창작물 내용**

-작품명, 작가명, 제작 년도, 작품기법, 판매가격, 작품사진 등 제시

- **증빙자료**

-심사에 필요한 장애인복지카드, 예술활동 경력 등 첨부

- **장애예술인 창작물 우선구매 지원센터**

-장애예술인창작물위원회의 확인을 거친 창작물에 대해 '장애예술인 창작물 우선구매 지원센터'를 통해 게시 및 홍보

-우선구매 대상기관인 공공기관과 일반시민 누구나 창작물을 살펴볼 수 있게 함으로써 구매 촉진과 장애예술인 창작물 홍보

- **계약 및 납품요청(구매자인 공공기관)**

-구매를 희망하는 공공기관에서는 창작물을 선택하여 장문원 또는 창작자에게 주문과 계약체결, 납품요청 등 진행

-장문원에서 구매를 원활하게 진행할 수 있도록 중개 및 지원

- **납품 및 대금 수령(판매자인 장애예술인)**

-주문 및 계약 체결한 창작물의 납품 배송

-판매 대금 수령 및 장문원에 '판매완료' 통지

그런데 장애예술인 창작물 우선구매 초기에는 이 모든 카테고리의 상품이 운영되기는 어렵기에 상품 카테고리를 단순화시키고 구매 방법도 구매기관에서 온라인마켓을 통해 생산

품을 보고 장애인예술 대행업체를 통해 구입하는 방식으로 운영될 것이다.

우선구매 상품
–문학: 개인 작품 온라인 구매, 장애문학인 작품 출판사를 통해 단체 구매
–미술: 개인 작품 온라인 구매, 법인/비법인 장애인미술단체를 통해 구매
–음악: 개인 연주회 및 콘서트 온라인 구매
　　　 장애음악인이 전체 출연자의 50% 이내로 출연하는 법인/비법인 단체 주최 공연 티켓 단체를
　　　 통해 구매
–공연예술: 무용, 연극 등 장애예술인이 전체 출연자의 50% 이내로 출연하는 법인/비법인 장애인
　　　　　 예술단체 주최 공연 티켓 단체를 통해 구매

구매 방법
–일반 구매: 개인 또는 법인/비법인단체, 장애예술인밴드를 통해 구매
–수의계약 구매: 장애예술인 창작물의 원활한 판매와 공공기관의 구매촉진 등을 지원하기 위하여 업
　　　　　　　　무수행기관이나 대통령령으로 정하는 이와 유사한 시설이 공공기관과 동(同) 계약
　　　　　　　　을 대행하여 구매

이미 (주)디스에이블드에서 (사)한국장애예술인협회와 업무 협약을 맺고 장애예술인 창작
마켓을 준비하고 있다. 온라인 플랫폼으로 마켓 명칭은 서로 격의 없이 소통한다는 순우리
말인 '너나들이'이며, 주소는 www.nunadri.com이다.

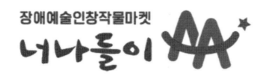

'너나들이'는 서로 격의없이 소통한다는 순우리말입니다.
장애예술인과 소비자가 예술을 통해 서로 소통하는 공간입니다.

[그림10] 너나들이 로고

'너나들이' 등록 조건은 장애인복지카드를 소지한 장애인으로 아래 3가지 가운데 1개만 충
족하면 된다.

　가. 예술 분야 수상 1회 이상, 3년 예술활동 경력(작품발표 3회 이상)

　나. 개인으로 단행본 출간, 전시회, 콘서트 1회 이상

　다. 예술활동증명 등록

'너나들이' 작품 카테고리는 회화, 조각/공예, 음반/공연티켓, 사진, 서예, 도서, 기타로 구성되어 있다. 판매 과정은 장애예술인이 직접 등록을 한 후 그 창작물에 대한 개인 구매자가 나타나면 장애예술인 당사자와 직접 구매가 이루어지고, 공공기관인 경우는 너나들이에서 영수증 발급이나 작품 전달 등 구매 과정을 대행하여 준다.

개인 구매는 구매자와 판매자 모두 수수료 0%로 진행하며, 단체인 경우 운송비 등의 실비로 운영하여 장애예술인 창작물 마켓 활성화에 기여하고자 한다.

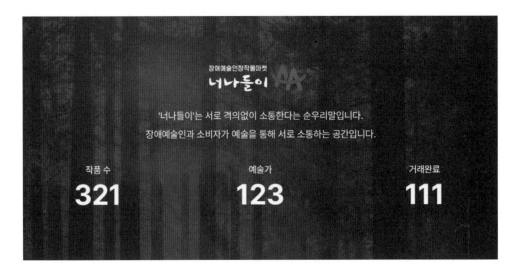

[그림11] 너나들이 메인 화면

제3절 장애인예술산업의 방향

1. 장애인예술산업 기본 요건

• 예술활동 근로 인정

「예술인복지법」 제2조(정의)에서 '"예술인"이란 예술활동을 업(業)으로 하여 국가를 문화적, 사회적, 경제적, 정치적으로 풍요롭게 만드는 데 공헌하는 사람으로서 문화예술 분야에서 대통령령으로 정하는 바에 따라 창작, 실연(實演), 기술지원 등의 활동을 증명할 수 있는 사람을 말한다.'고 하여 예술활동을 근로로 규정하였다.

• 예술작품은 상품

이흥재(2005)는 '예술작품은 예술경영 과정을 거치면서 예술상품으로 전환된다.'고 하며 예술상품의 속성(공연상품)을 네 가지로 제시하였다.

첫째, 무형성-고정된 형태가 없이 하나의 과정으로서 서비스 전달이다.

둘째, 이질성-표준화된 형태로 제조되는 것이 아니다.

셋째, 동시성-생산 현장에서 소비가 이루어진다.

넷째, 소멸성-재고로 판매할 수 없다.

• 예술상품 소비

예술인과 관객이 생산자와 소비자로 만나는 예술시장은 예술을 상품으로 거래하는 곳인데 예술소비자는 그냥 형성되는 것이 아니고 소비에 영향을 미치는 요인이 다양하며 소비 과정도 단계적으로 성장한다(이흥재, 2005).

• 예술상품 소비에 영향을 미치는 요인

-환경적 요인 : 정치행정요인, 경제요인, 사회요인, 기술요인, 문화요인

-개인적 요인 : 심리요인, 생애주기요인, 직업요인, 소득계층요인, 준거집단요인, 교육경험요인

개인적 요인은 직업이나 나이, 교육이나 소득 수준 그리고 어느 집단에 소속되어 있는지와 그 당시 심리적인 상태에 따라 소비에 영향을 미친다는 것이다. 그런데 개인적 요인에 영향을 미치는 것은 당시 정치, 경제, 사회, 문화, 기술 환경이라는 것이다.

• 예술상품 소비의 과정

어떤 공연을 본 사람들이 많다는 얘기를 들으면 그 공연이 무엇인지 정보를 찾아보게 된다. 그래서 관심이 생기면 티켓 구매를 결정하고 구매를 진행한 후 자기 비용을 들여 산 상품이기 때문에 반드시 관람을 하게 되는데 관람에 집중하기 때문에 많은 것을 느끼게 되어 관람 후에는 자기 생각을 사람들에게 말한다.

[그림12] 예술상품 소비의 과정

• 공연예술 수용과정

모든 소비는 무관심을 관심으로 바꾸는 것부터 시작한다. 관심이 생기면 관람을 시도하게 된다. 그 공연이 자기 마음에 들어서 긍정 평가를 하게 되면 공연의 내용을 수용하는 것은 물론 공연팀이나 공연자에 대한 확신이 생긴다. 이 확신이 바로 고정 소비자로 발전하는 에너지가 되는 것이다(이흥재, 2005).

[그림13] 공연예술 수용과정

• 예술소비자 형성과정

예술소비가 이루어지려면 그 상품을 세상에 공개하는 발의자가 반드시 있어야 한다. 현대 사회에서 발의자는 홍보 매체가 하게 되고, 그 홍보 내용에 영향을 미치는 것이 전문가 평가와 함께 입소문과 댓글이다. 그것을 바탕으로 공연상품을 소비하기로 결정하고 구매를 한

후 공연장에 찾아가서 드디어 소비가 이루어지는 것이다.

[그림14] 예술소비자 형성과정

• **장애인예술 소비과정**

장애인예술 소비자는 예술상품에 대한 정보부터 차단되어 무관심을 관심으로 돌릴 수가 없다. 예술소비자로서의 발의자가 없는 상태이기에 장애예술인의 상품에 대한 소비 과정이 형성되지 않아서 소비자를 만나지 못하고 있다. 그래서 장애인예술은 소비자를 의무적으로 생성해 주어야 한다.

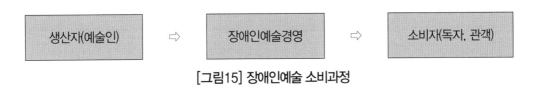

[그림15] 장애인예술 소비과정

2. 장애인예술 산업 발전 방안

장애예술인의 작품을 세상에 알리기 위해 장애인예술경영이 필요하다. 장애인예술 경영을 하려면 장애인예술 전문관리자가 있어야 하고, 장애예술인의 창작품 판매를 지원하는 전문매개기관을 통해 장애예술인이 편안하게 서비스를 받을 수 있도록 해야 한다.

김예지 의원이 대표발의하여 지난 5월 25일 본회를 통과한 「장애인기업활동촉진법」 개정 안은 근로자 없이 1인 기업을 경영하는 중증장애인에게 업무지원인을 통해 안정적, 지속적 으로 경영활동을 할 수 있도록 하는 등 장애인의 기업활동을 더욱 촉진하기 위한 내용이 담 겨 있다.

제10조의3(업무지원인 서비스의 제공) ① 중소벤처기업부장관은 「장애인고용촉진및직업재활법」 제2조제2호에 따른 중증장애인으로서 근로자를 사용하지 아니하는 장애경제인의 직업생활을 지원하는 사람(이하 이 조에서 "업무지원인"이라한다.)을 파견하여 장애경제인이 안정적·지속적으로 경영활동을 할 수 있도록 하는 등 필요한 서비스를 제공할 수 있다.
② 제1항에 따른 업무지원인 서비스의 제공대상자의 선정 및 취소, 서비스의 제공방법 등에 필요한 사항은 대통령령으로 정한다.

장애예술인 가운데 1인 기업으로 장애인기업이나 여성기업에 등록하여 작품이나 굿즈를 판매하는 경우가 있어서 이 법률도 장애예술인이 많이 활용할 수 있는 규정이다. 앞으로 장애예술인이 직접 기업을 운영하든지 아니면 장애인예술을 콘텐츠로 하는 장애인기업이 많아질 것으로 예상된다.

또한 윤석열 정부는 장애인복지 공약으로 개인예산제를 약속하여 2026년부터 실시한다는 계획을 발표하였다. 장애인복지 예산을 장애인 개인에게 직접 지원하여 장애인의 선택권을 보장해 주기 위해서이다. 이에 따라 장애인복지에 Mount& O'Brien(1984)이 개발한 개인중심계획(Personal Futures Planning)이 새로운 서비스 방식이 되고 있다. 따라서 앞으로의 장애인복지는 개인의 욕구에 따라 개인 맞춤식으로 세워야 하기에 공적인 영역이 아닌 민간 영역으로 전환될 것으로 전망된다.

경제학자 파블리나 R. 체르네바의 저서 〈일자리보장〉에서 4차 산업으로 일자리는 줄어들지만 일거리 자체가 감소되지는 않는다며 새로운 일거리는 문화예술활동과 돌봄서비스 분야라고 하였듯이 장애인기업 업종에 큰 변화가 요구된다.

1) 신개념 장애인기업 확대

'2021년 장애인경제활동실태조사'에 의하면 취업장애인의 24.7%가 자영업으로 자영업 비율이 높기 때문에 수익이 높은 자영업으로 전환시키기 위하여 특정 업종의 장애인 독점권을 부여하고, 발달장애인의 경우 가족창업을 장려해야 한다.

'2020년 장애인실태조사'에 의하면 장애인의 19%가 기초생활수급자로 장애인 5명 가운데 1명이 정부 지원으로 생활하고 있다.

이 통계가 의미하는 것은 장애인이 수익성 있는 자영업으로 소득이 생기면 정부의 지원이 아닌 스스로의 힘으로 자립생활을 할 수 있고, 더 나아가 돈을 벌어서 경제력을 가질 수 있도록 장애인경제 활동 패턴이 바뀌어야 한다. 앞으로 약진할 산업은 다음과 같다.

• **장애인예술산업**

2020년 「장애예술인지원법」이 제정되어 장애인예술에 대한 관심이 높아지고 있으며 동(同) 법률 제9조에서 '장애예술인 창작물 우선구매제도'가 규정되어 있어서 공공기관의 문화예술 예산의 3% 이상을 장애예술인 창작물로 우선 구매해야 해서 앞으로 장애인예술의 산업화가 시급하다.

• **휴먼서비스 산업**

'2020년 장애인실태조사'에 의하면 장애인 1인 가구가 27.2%로 증가추세에 있는데 이것 은 장애인이 가족의 돌봄 대신 전문가의 케어를 받고 있다는 것을 말해 준다. 장애인을 전문 적으로 케어하는 서비스산업이 증가하고 있는 것은 세계적인 추세이다.

• **여성장애인 기업**

'2021년 장애인경제활동실태조사'에 의하면 장애인고용율은 34.6%이며, 남성장애인의 취업 율은 43.8%인데 반해 여성장애인 취업률은 22.2%로 절반 수준일 뿐 아니라 83.5%가 비정규직 으로 불안한 취업상태이다.

'등록 장애인기업 현황'(2022년 11월 30일 기준)에 의하면 여성장애인기업은 20%에 불과하여 장애인 기업은 남성 위주로 이루어져서 여성장애인이 기업활동을 할 수 있는 환경을 조성해야 한다.

2) 신기술과 지식재산권

장애인기업의 발전을 위해 인공지능 기반의 신기술로 기업 생태계가 바뀌어야 한다. 과학 기술의 속도를 따라가지 못하면 기업은 뒤처질 수밖에 없기 때문이다. 또한 장애인기업은 상품을 판매한다는 고정 관념에서 벗어나 지식재산권을 확보하여 기업의 자산을 형성해야 장애인기업이 성장할 수 있는 동력을 갖게 된다.

과학기술의 발전으로 인공지능(Artificial Intelligence)의 수준이 높아짐에 따라 인공지능으로부터 생 성된 창작물에 대한 저작권법상의 보호 문제가 실무적인 쟁점으로 관심을 모으고 있다. 특히 인공지능이 생성한 미술작품에 대한 저작권 등록 신청이 해외에서 진행되고 있지만 인공지능이 생성한 미술작품에 대하여 창작자 요건(owner of authorship)을 갖추었는가에 대한 논란이 일어나고 있다.

인공지능이 생성한 예술작품이 저작물에 해당하는지 또는 인공지능을 저작자로 인정하는지는 각국의 저작권법에 따라 결정되는 사항이다. 베른협약 제2조 제1항은 '문학 · 예술 저작물(Literary and artistic works)'에 포함되는 저작물의 종류를 규정하고 있으나 저작자를 정의하는 규정을 두고 있지 않다. 그러나 저작재산권의 존속기간을 저작자의 사망을 기준으로 하고 있고 저작인격권을 저작자에게 귀속시키고 있어서 저작자는 인간을 전제로 하는 것으로 해석되고 있다.

대부분의 국가들이 저작재산권의 존속기간을 베른협약과 같은 방식으로 규정하고 있어서 별도의 저작자에 대한 정의 규정을 두지 않더라도 저작권법상 저작자는 자연인인 인간을 의미한다고 해석할 수 있을 것이다. 각국의 현행 저작권 제도를 고려하면 특허발명의 경우와 마찬가지로 인공지능에게 저작자의 지위를 인정하여 저작권을 부여하는 것은 당분간은 쉽지 않을 것으로 보인다.

3) 장애인기업 마케팅

장애인기업의 가장 큰 어려움은 장애인기업의 제품에 대한 낮은 사회적 평가인데, 이런 인식을 개선시키기 위해서는 장애인기업의 수월성을 알리는 마케팅으로 긍정적인 이미지를 형성하는 것이 필요하다.

• 장애인기업 성공 신화 만들기

우리나라는 장애인 문제를 복지로 해결하려고 하지만 자본주의 자유경쟁사회에서 경제적인 자립이 무엇보다 중요하다. 장애인기업도 성공하여 경제력과 경쟁력을 갖출 수 있다는 것을 알리기 위해 성공신화를 만들어야 한다.

• 장애인관 바꾸기

보건복지부와 고용노동부에서 장애인 인식개선 교육을 실시하고 있지만 장애인 인식개선을 하기에는 역부족이다. 중소벤처기업부에서는 마케팅을 통한 장애인 인식개선 캠페인으로 적극적으로 우리나라 장애인관을 바꾸는데 투자해야 한다.

• 기업이미지 광고

기업 이미지 제고를 위한 광고로 소비자 등에게 호의적으로 다가가기 위해 많은 기업에서 기업광고(institutional advertising) 또는 네임에드(name advertising)를 하고 있는데 이 광고에 장애인예술을 활용하면 세련되면서도 성숙한 기업이미지가 형성될 것이다.

• 상품광고

상품판매를 촉진하기 위한 상품광고(product Ad.)는 상품의 장점을 잠재소비자에게 설득하여 해당 상품을 구매하도록 유도하기 위한 제품 판매 촉진이 가장 큰 목적이지만 오늘날의 상품광고는 상품에 주의를 기울이게 함으로써 상품을 기억하게 하거나 신뢰하게 만들어 결국 상품을 구매하도록 유도하는 우회적인 소구 방식을 선호하고 있다.

대중매체를 이용하는 대부분의 광고는 상품광고이다. 상품광고의 전제조건은 상품의 품질이 좋아야 한다는 것이다. 돈 슐츠(Don Schultz)가 제시한 광고전략을 위한 세가지 주요 법칙은

첫째, 모든 광고는 소비자의 관점으로: 예상 고객의 흥미, 관심에 초점을 맞춘다.

둘째, 판매 메세지 전달: 구매에 영향을 미치지 못하면 설득적인 광고라 할 수 없다.

셋째, 제품이 제공하는 편익의 구매: 소비자들은 성분, 내용물, 기능에 관심이 있는 것이 아니라 제공되는 편익에 관심이 있다.

4) 장애인기업의 ESG 실현
(1) 기업의 운영철학 변화

기원전 2,500년 히브리인의 십일조 세금제도로 소득의 재분배가 이루어졌고, 기원전 30년 로마제국 아우구스투스 황제가 빈곤층에게 경제적 지원을 하는 등 소득은 재분배를 통해 사회적 평등을 유지하고 있다.

1953년 미국의 경제학자 하워드 보웬(Howard Bowen)이 처음으로 기업의 사회적 책임인 CSR(Corporate Social Responsibility)을 언급한 후 꾸준히 발전해 왔다.

그러다 2010년대 마이클 유진 포터(Michael Eugene Porter)가 공유가치의 창출로 CSV(Creating Sharded Value)를 주장하여 사회적 책임은 억지로 하는 의무가 아니라 창조적인 가치가 창출되어 쌍방향의

이익이 만들어진다고 하였다. 최근 대두된 ESG는 이보다 훨씬 발전된 목표로 ESG를 실현하지 않으면 살아남지 못하게 된다고 경고하고 있다.

올 여름 극한 폭우과 폭염을 경험하면서 기후 변화의 심각성을 인식하게 되었다. 우리가 살고 있는 지구가 안전하지 않다. 대기업의 대량생산 산업구조가 뿜어낸 탄소 배출로 숨도 제대로 쉴 수 없고, 과소비로 생긴 잉여물과 배달서비스가 생활화되면서 1회용 용기가 감당하지 못할 정도로 늘어나서 쓰레기가 산을 이루고 바다 속도 쓰레기로 가득하다.

대형 산불과 지진으로 산속 동물들이 죽어 가고 무차별하게 쏘아 댄 탄도미사일 잔해가 바다에 떨어져 바다생물도 위협을 받고 있다. 21세기에도 코로나19 같은 전염병이 창궐하고, 전쟁으로 핵무기나 화학무기 사용을 위협하고 있는 것이 현실이다.

빙하가 녹고 있고, 섬이 하나둘 물에 잠기는 기후 온난화 현상으로 인류는 심각한 위기에 처해 있다.

이런 위기 속에서 2005년 유엔환경계획(UNEP)이 ESG를 공식 용어로 사용한 이 단어는 환경(Environmont), 사회적 책임(Social), 지배구조(Governance)의 조합으로써 기업경영에서 지속가능성(Sustainability)을 달성하기 위한 핵심 요소이다.

2015년 유엔 지속가능발전 정상회의(SDG)에서 2030년까지의 목표로 단 한 사람도 소외되지 않도록 한다(Leave no one behind)는 불평등 해소를 선언하였다. 그 목표를 달성하기 위한 수단이 ESG라고 하면서 경제적, 사회적, 환경적 가치가 균형 있게 발전하여야 한다고 하였다.

현재 ESG에서 부각되고 있는 것은 환경문제이다. 탄소 배출과 기후변화, 생태계 멸종, 인체에 미치는 각종 변종 질병들도 모두 환경오염에서 비롯되었기 때문이다.

김재필(2021)은 'ESG는 자본주의의 중심을 돈에서 사람으로, 사회와 지구로 이동하여 기후변화에 대한 대책 없이 만들어진 기술은 우리에게 득보다 해가 많다.'고 경고하였듯이 기술은 인류의 안전과 보호를 위해 사용해야 한다. 혁신적인 기술보다 환경과 사회문제를 해결하는 기술이 더 중요한 것이다. 그래서 IT 기반의 친환경 기술인 그린IT가 떠오르고 있다.

(2) 환경 속 예술

환경보존과 자연보호를 목적으로 환경과 자연을 소재로 한 환경예술이 탄생하였는데 환경이란 개인적인 소유물이 아니라 공공재이다. 그런 만큼 절대 훼손해서는 안 된다. 그래서 RE100(세계적인 재생에너지 개념)나 ESG 모두 문화예술의 개념으로부터 시작되었다고 할 수 있다.

인간의 궁극적인 목적이 아름다움을 추구하는 것이고, 주거환경에서부터 자연에 이르기까지 미적 환경을 구축하기 위한 욕망에서 미술이 발전해 왔기 때문이다. 지구를 깨끗하게, 생활주변을 아름답게 만들겠다는 문화예술의 목적이야말로 RE100과 ESG가 성과를 얻는 중요한 개념이다.

이미 미술에서는 정크아트(Junk Art)로 사회에 경종을 울렸다. 정크아트란 일상생활에서 발생하는 폐품을 예술작품으로 제작하는 것을 말한다. 그리고 미술 관련 기관이나 단체와의 협력으로 환경개선이나 자연보호에 적극 앞장서고 있으며, 대중과의 문화예술을 향유하면서 침체되어 있는 예술산업과 생태계의 지속 가능한 성장을 이루고자 하는 목표를 실행하고 있다.

앞으로 기업은 비재무적 요소인 ESG에 의해서 평가를 받는다. 어떻게 벌어야 하는지 과정이 중요한 것이다. ESG에서 기업이 얼마나 착한 활동을 많이 했느냐가 아니라 문제 해결을 통해 얼마나 사회적 가치 창출에 이바지했느냐에 따라 투자도 받을 수 있고, 소비자들의 소비를 촉구할 수 있다. ESG가 기업의 지속가능경영을 보장해 주는 것이다.

이와 같은 세계적인 기업 환경 변화에 장애인기업도 함께 발맞춰 나가야 한다.

5) 배리어프리 콘텐츠 개발

□ 배리어프리 배경

• 배리어프리는 물리적인 환경의 접근성을 위한 무장애를 의미하는 것이나 문화적 환경의 접근성으로 사용하고 있다.

• 배리어프리는 유니버셜 디자인에서 나왔다. 유니버셜이란 장애인, 비장애인 모두 함께 이용할 수 있도록 디자인을 해야 한다는 것이다.

* 미국 장애인 건축가 로널드 로런스 메이스(Ronald L. Mace)가 1970년 인간 평등사상을 기반으로 모든 제품과 사회 환경을 연령, 능력, 삶의 지위에 관계 없이 모두가 최대한 편리하게 사용할 수 있도록 설계하는 개념

□ 패러다임 변화

• 요즘은 '** for all', 모두를 위한 이란 콘셉트로 발전하여 모두를 위한 사회, 모두를 위한 예술이란 패러다임 변화가 일어나고 있다.

• 현재는 사회권 확보 시대로 이것은 모든 사람들이 물리적, 사회적, 문화적으로 접근성을 보장하는 것이다.

* 마샬(Marshall. T. H.)은 1963년 기본권의 진화 과정을 18세기에서 19세기의 공민권(civil rights)에서, 19세기에서 20세기의 참정권(political rights)으로, 그 후 20세기 중반에 사회권(social rights)으로 변화하였다고 하였다.

□ 문화적 배리어프리

• 배리어프리 대상에 시각, 청각, 지체 장애뿐만 아니라 발달장애인도 포함시켜야 한다. 이름 대신 사진이나 캐릭터 사용, 내용을 쉬운 단어로 바꿔어서 제공하여야 한다.

* 「발달장애인지원법」에 따라 발달장애인의 사회적 활동이 많아졌다.
* 세상의 모든 정보를 누구에게나 '쉽게' 만들어가는 사회적기업 '소소한소통'에서는 쉬운책과 쉬운 잡지를 만들고 있고, 발달장애인 그림으로 제작한 굿즈를 판매하는 소소가게를 운영하고 있다.

• 배리어프리로 장애인에 대한 인식개선이 이루어지면 장애인은 단순히 돌봄의 대상이 아니라 소비자가 되어 국민 세금으로 지원되는 사회적 비용이 절감된다.

* 인류의 불행은 소수집단에 대한 차별이 생산, 확대되고 있는 것이다. 소수집단이 차별의 대상이 되는 것은 미국의 법철학자 누스바움이 〈혐오에서 인류애로〉(2016)에서 갈파하였듯이 투사적 혐오 때문인데, 투사적 혐오란 아무런 실제적 근거도 없지만 역겹다고 느껴지는 속성을 특정한 사람이나 집단에 전가하는 것이다. 그래서 차별을 없애려는 노력이 필요하다는 것이다.

□ 예술적 배리어프리

• 장애인의 문화콘텐츠 향유뿐만이 아니라 「장애예술인지원법」에 따라 장애예술인 창작 활동의 기회 균등 보장으로 예술 접근성을 높여야 한다.

• 창작 단계부터 배리어프리 내재화에 장애예술인과의 협업이 필요하며, 배리어프리를 하나의 콘텐츠로 만들어서 장애인뿐만이 아니라 모두가 즐기는 콘텐츠로 만들면 새로운 k-콘텐츠로 각광받을 수 있다.

* 법철학자 누스바움(Martha C. Nussbaum)은 「혐오에서 인류애로」(2016)에서 그 해결 방법을 예술에서 찾았다. 인류애의 정치는 상상력을 동원해 타인의 삶에서 인간성을 찾아내어 감성적으로 참여하는 행위이기 때문에 혐오의 정치가 인류애의 정치로 거듭나게 하는 원동력은 바로 상상을 하게

하는 예술이라는 것이다. 즉 혐오로 인한 편견과 싸워 행복을 찾는데 예술이 가장 강력한 도구가 된다고 주장하고 있다.

예를 들어 하트시각장애인 체임버오케스트라를 이끌고 있는 클라리넷 연주자인 이상재 단장이 2011년 카네기홀에서 '암전음악회'를 개최하여 대성공을 거두었다.

암전음악회란 시각장애연주자들은 악보를 보지 못하기 때문에 모든 악보를 외워서 연주를 한다. 그래서 무대에는 조명이 필요 없지만 관객을 위해 조명을 밝히는 것인데 암전음악회는 무대 조명을 껐고, 객석도 암전 상태로 해 놓자 관객들은 비로소 음악을 눈이 아닌 귀로 제대로 감상했다며 감격해하며 20분 동안 기립박수를 보냈다. 이상재 단장은 그 후 국내에서도 마지막 곡은 암전으로 연주를 하여 큰 호응을 얻고 있다. 이런 암전음악회야말로 기후위기의 가장 멋진 콘텐츠이다.

제5장

결론 및 제언

Disabled Arts Research Center

제1절 연구 결과 요약

1. 이론 정리

'2020년 장애인실태조사'에 따르면 장애인등록을 한 장애인 인구는 262만 명이며, 장애인계에서 주장하는 장애인 인구는 500만 명으로 우리나라 인구의 10%라는 적지 않은 인구이다. 이렇게 많은 사람들이 먹고사는 경제문제를 해결하기 위해 다양한 방법으로 고군분투하고 있다. 그 한 가지 방법으로 근로장애인시설을 만들어 제품을 생산하였지만 자유경쟁시장 체제에서 판로를 찾지 못해 어려움을 겪어야 했다. 그래서 2008년 「중증장애인생산품 우선구매 특별법률」이 제정되었고, 장애인 개인의 노동권 보장을 위해 2009년 장애인고용할당제를 기반으로 하는 「장애인고용촉진법」이 제정되었다.

「중증장애인생산품 우선구매 특별법」이 제정되었을 때만 하여도 '중증장애인생산품 우선구매제도'가 큰 의미가 없다고 생각하였지만 구매율 1%를 넘기기 시작한 2020년도부터 이 제도는 중증장애인의 자립에 큰 역할을 하고 있다.

이 법을 개정하여 장애예술인의 창작물을 판매하려고 하였으나 생산품에 창작물이 포함되는 것에 대한 이해 부족으로 실패하였다. 그래서 「장애예술인지원법」에 장애예술인 창작물 우선구매 규정을 넣어서 '장애예술인 창작물 우선구매제도'를 실시하게 되었기 때문에 시행 과정을 새롭게 마련해야 하기에 이 제도가 안착하기까지 또 많은 시간이 걸릴 것이 우려된다.

'2018년 장애인 문화예술활동 실태조사'에 의하면 장애예술인 인구는 3만 2천여 명인데 이들에게 '장애예술인 창작물 우선구매제도'는 경제적인 안정과 장애인예술 대중화에 큰 성과가 있을 것이다.

그러나 이 제도를 시행하면서 제도 사각지대에 놓인 문학 분야에 대한 문제가 드러났듯이 장애예술인 당사자들의 욕구에 기반하여 세밀한 시행 방안에 대한 연구가 계속 이루어져서 모든 장애예술인들에게 기회가 돌아가는 실질적인 제도로 발전시켜야 한다.

'장애예술인 창작물 우선구매제도'로 장애예술인의 창작물에 대한 소비가 활성화되면 장애예술인들이 경제적으로 안정이 되는 것은 물론이고, 창작활동에 더욱 매진하게 될 것이고, 그로 인해 장애예술인의 수월성을 향상시키면서 소비가 더욱 확대된다면 장애예술인이 주류 예술계에 편입되어 예술인으로서 지위를 확보하여 예술계에서 장애인, 비장애인의 차별이 사라질 것이다.

2. 장애예술인 의견

본 연구는 장애예술인들이 원하는 '장애예술인 창작물 우선구매제도'의 실행 모델을 찾아내는 것이 목적이기에 장애예술인의 의견으로 연구 결과를 요약한다.

우선 시각예술 분야에서 문학은 당연히 책이 상품이지만 작가는 글을 쓸 뿐 책은 출판사에서 만들기 때문에 작품이 출판되지 않으면 아무리 장애예술인 창작물을 우선으로 사 주겠다고 해도 팔 상품이 없는 것이 가장 큰 문제이다.

문학은 홍보를 통해 작가의 인지도를 높여 주는 것이 최선이다. 그래서 오래전에 출간된 책일지라도 그것을 알릴 수 있는 북콘서트 등을 통해 작가들의 활동을 지원해 주어야 한다.

미술은 작품 사진을 전문으로 촬영하는 스튜디오가 있어서 작품 사진을 정확하게 촬영하는 일부터 시작해야 한다. 핸드폰으로 찍어서 작품을 올리면 작품성을 인정받기 어렵다. 그 다음은 작품 가격을 어떻게 정할 것인가이다. 작가는 많이 받고 싶지만 구매자는 예산 내에서 가능한 많은 작가의 작품을 구매하려고 할 것이기에 가격 절충이 필요하다. 또한 작품 보증서를 전담기관에서 발행해야 하고, 작품 배송 문제도 해결해야 하며, 판매를 기다릴 것이 아니라 큐레이터가 판매를 위한 중개 역할을 해야 한다.

미술 분야는 화가 개인이 상품을 만들기 때문에 공적인 과정을 거치지 않는다. 그래서 작품이 공정하게 판매될 수 있도록 시스템을 마련해야 한다. 화가들의 경쟁이 심화되어 불만 사항에 대한 민원이 많이 발생하면 미술 전체가 이 제도에서 외면을 당할 수도 있다는 점을 잊어서는 안 된다.

더욱 염려가 되는 것은 단체의 대표자가 장애예술인이면 우선구매 대상 자격이 생기기 때문에 사업 수완이 좋은 사람이 장애예술인을 앞세워 영리 목적으로 단체를 만들어서 장사를 할 수도 있고, 전시기획자가 장애예술인이거나 초대작가의 30% 이상이 장애예술인이면 우선구매제 대상이 된다는 것도 악용될 우려가 있다.

공연예술(작곡, 노래, 무용, 연극, 모델) 분야에서는 '뭘 올릴까?'에 대한 걱정이 가장 크다. 이미 발표된 작품만 올려야 된다고 생각하지 말고, 자기 실력을 드러낼 수 있는 창작을 해서 전담기관 홈페이지에 있는 '우선 구매'에 올리자는 의견이 있었는데 그런 창작을 영상으로 제작하는데 많은 비용이 발생하기 때문에 장애예술인 창작지원금제도의 필요성이 더욱 절실히 다가온다.

이어진 질문인 '무엇을 팔까'에서 공연은 티켓을 판매하고, 다른 장르는 우선구매 대상기관에서 모델로 섭외하거나 로고송 제작 의뢰를 하는 등 우선구매 대상기관의 욕구에 맞는 상품을 만드는 방법이 있다.

그래서 고객(대상기관)들이 선택할 수 있도록 다양한 콘텐츠를 올리는 것이 좋다. 행사 기획안, 연극 시나리오도 훌륭한 상품이 될 수 있다. 그리고 우선구매의 고객은 공공기관이어서 내용에 공익성을 살려 무용, 음악, 연극, 모델 등의 분야에서 작품을 샘플화한다. 즉 무용 분야는 주제와 대상에 맞춰 안무 유형을 만들고, 작곡도 역시 무용 안무에 맞춰서 샘플을 창작한다. 장애인 인식개선이라는 목적에 사용할 수 있는 연극 샘플과 모델을 어떻게 활용할 수 있는지에 대한 샘플도 제공하면 선택을 하는 입장에서는 보다 쉽게 결정을 할 수 있을 것이다.

우선구매제도는 시장을 확장시키는 것이 가장 큰 관건인데 첫 번째 시장으로 장애인계를 먼저 공략할 필요가 있다. 그동안 장애인계에서조차 장애예술인에게 기회를 주지 않았지만 이제는 장애인예술에 대한 관심이 높아졌기에 장애인복지계는 넓은 시장이다.

그리고 서로 다른 장르에서는 장애인예술 시장도 활용해야 한다. 행사 시나리오를 기획사 작가가 쓰고 있지만 그것을 장애인작가에게 맡기고, 공연 음악 등도 장애인작곡가에게 의뢰하면서 상부상조해야 한다.

장애인예술이 공익을 넘어 상업시장에서도 사랑받는 날이 올 수 있도록 장애예술인 스스로 실력을 키워야 장애인예술이 발전할 수 있다.

3. 연구자 의견

2023년 6월 26일부터 시행되는 「장애예술인 생산 창작물 우선구매 고시」(문체부고시 제2023-35호)에서 몇 가지 문제점이 발견된다.

-장애예술인 창작물 구매총액에서 장애예술인 몫이 적다

제2조(창작물 구매총액)를 살펴보면 공공기관에서는 장애예술인 창작물 우선구매제도에 부담이 없다. 창작물을 직접 구매하는 것 외에도 여러 가지 방법이 있기 때문이다. 예술의전당에서 장애인예술 공연을 기획하여 올리거나 다른 단체에서 하는 장애인예술 공연 제작비의 50%(고 시안에는 비율이 정해져있었음)를 분담하면 그 비용이 창작물 구매총액에 합산된다. 어찌 그뿐인가, 전시를 위해 작품을 대여한 비용도 포함되고, 직원들의 장애인예술 프로그램 참여 비용과 직원 교육을 위한 강사 초빙 비용도 창작물 구매총액에 합산이 된다.

이런 현실 속에서 장애예술인들은 구매총액에서 얼마나 가져갈 수 있을까?

또한 고시안에는 있었던 제3조(협의에 의한 우선구매 비율) '공공기관이 「박물관 및 미술관 진흥법」 제16조제1항에 따라 등록한 미술관의 소장품 구매, 「문화예술진흥법」 제9조에 따른 건축물 미술작품 설치 등 특별한 사유가 있는 경우에는 영 제2조의2제3항에도 불구하고 문화체육관광부 장관과 협의하여 장애예술인 생산 창작물의 우선구매 비율을 따로 정할 수 있다.'가 사라졌다.

그 이유는 대형 프로젝트에서 장애예술인을 제외시키기 위해서라고 생각할 수 있다.

-장애예술인 창작물 기준의 악용 우려

제5조(장애예술인 창작물 기준)을 쉽게 정리하면 창작자가 장애예술인이어야 한다는 것을 기본으로 하여 공동창작일 경우는 장애예술인이 50%, 전시나 공연예술의 경우는 참여자의 30%가 장애예술인이어야 장애예술인 창작물로 인정받을 수 있다. 그런데 단체의 대표자, 감독, 전시기획자가 장애예술인이면 장애예술인 창작물로 인정한다는 것은 다소 악용될 우려가 있다.

-재검토 기간 3년의 함정

고시안 제4조(우선구매 실적의 제출)에서 장애예술인 창작물 우선구매 실적 기간을 3년으로 정했었는데 이 내용이 부칙으로 빠져 부칙 제2조(재검토 기한)로 표현이 바뀌었지만 같은 내용이다. 따라서 매년 정기적으로 구매하는 대신 한번의 집중구매 현상이 염려된다.

제2절 제언

'2021년 장애예술인실태조사'에 의하면 예술활동 참여 횟수는 연 4회로 장애예술인의 82.18%가 발표의 기회를 갖지 못하고 있다고 하였고, 장애예술인들이 가장 원하는 것은 창작지원금 욕구가 70.5%로 압도적이었다. 이것으로 장애예술인은 창작을 하고 싶어 하고, 그것이 발표되는 것을 간절히 원하고 있음을 알 수 있다.

이런 실태를 해결하기 위해 윤석열 정부는 '120대 국정과제' 가운데 57번째인 '공정하고 사각지대 없는 예술인 지원 체계 확립' 마지막 부분에 장애예술인의 제약 없는 예술활동 기회 보장을 약속하고 있다.

정부도 장애예술인 지원정책의 필요성을 느끼고 있는 가운데 첫 번째로 실시되는 '장애예술인 창작물 우선구매제도'가 장애예술인들에게 실질적인 도움이 되기 위해서 본 연구에서 제시한 실행모델이 현장에서 활용되기를 바라면서 다섯 가지 제안을 한다.

첫째, 공공기관의 ESG 평가 기준 항목에 장애예술인 창작물 우선구매가 포함되어야 한다.

'장애예술인 창작물 우선구매제도'는 강제 조항이 아니어서 공공기관에서 창작물 구매총액의 3%를 장애예술인 창작물로 구입하지 않는다 해도 벌칙은 없지만 우선구매율을 지킨 공공기관에 대하여 인센티브를 주어야 한다.

둘째, 모든 장르의 장애예술인들에게 평등한 기회를 마련해야 한다.

현재 상황에서는 우선구매가 가장 활발히 일어날 수 있는 분야가 미술이다. 가장 소외되는 분야는 문학이고, 예술 실연 분야인 노래, 연주, 모델, 연기, 무용도 판매할 상품이 애매하고, 작곡, 편곡 등도 상품이 되려면 작사와 노래 등과 콜라보가 이루어져야 한다.

특히 요즘 같은 종합예술 시대에는 문학이 기본인데, 우선구매에서는 문학이 완전히 배제되어 본 연구에서 문학 분야 우선구매 실행모델을 제안 하였다.

「장애예술인지원법 시행령」 제5조의2(장애예술인의 창작물 우선구매) ②

4.「문학진흥법」에 따른 장애문학인 창작물을 추가하는 것이다.

셋째, 창작활동을 위한 장애예술인 창작지원금제도가 요구된다.

판매할 상품을 만들기 위해서는 투자가 필요하다. 장애예술인은 창작활동으로 경제적인 문제를 해결하지 못하고 있기 때문에 창작에 드는 비용을 마련하는데 어려움이 있다. 이 제도의 선순환을 위해 '장애예술인 창작지원금제도'가 먼저 실시되어야 한다. 이 제도를 당장 실시하기 어렵다면 한국예술인복지재단에서 운영하는 창작준비금지원사업 예산의 일정 비율을 장애예술인에게 돌려서 지원 대상 자격 기준과 연속적으로 지원을 받지 못하는 규정을 없애고 장애예술인이면 누구나 연속적으로 지원을 받을 수 있도록 하는 파격적인 시행이 필요하다.

넷째, 상품뿐만이 아니라 기회 제공도 우선구매로 인정하여야 한다.

형체가 있는 상품은 창작의 미술작품, 도서, 음반 등이고 실연의 연주와 콘서트이며 종합예술인 연극, 뮤지컬, 영화 등은 티켓이 상품을 대신할 수 있지만 1년에 한번 정도의 기회도 올까 말까 하기에 우선구매 대상기관에서 장애예술인에게 쇼잉(showing) 기회를 주는 것도 무형의 상품으로 우선구매로 인정을 해 주어야 많은 장애예술인들이 참여할 수 있다.

다섯째, 장애예술인 창작물을 적극적으로 홍보해야 한다.

상품은 마케팅 없이는 판매가 되지 않는다. 기업마다 홍보예산이 있는데 기업이미지 홍보에 장애예술인과 그 창작물로 광고를 만들면 기업 이미지도 상승되고 장애인예술 대중화의 성과를 올릴 수 있다.

부록

문화체육관광부 고시 제2023-35호(시행 2023. 6. 26)

장애예술인의 창작물 우선구매에 관한 고시

제1조(목적) 이 고시는 「장애예술인 문화예술활동 지원에 관한 법률시행령」 제5조의2제6항에 따라 장애예술인 창작물 우선구매 실적의 산정기준 등 장애예술인 창작물 우선구매를 위한 조치 마련에 필요한 사항을 정함을 목적으로 한다.

제2조(창작물 구매총액) ① 영 제5조의2제3항의 "구매총액"이란 우선구매기관이 해당 회계연도 기간에 영 제5조의2제2항 각 호의 어느 하나에 해당하는 창작물을 구매한 금액의 총액을 말한다.
② 우선구매기관의 창작물 구매가 다음 각 호의 어느 하나에 해당하는 경우에는 그 비용을 구매총액에 합산한다. 다만, 미술관, 박물관의 소장ㆍ전시의 미술품ㆍ공예품 구매는 구매총액에서 제외한다.
1. 창작물을 직접 제작하거나 제작비를 분담한 경우
2. 기관 내ㆍ외부인의 관람 등을 위해 창작물을 구매하거나 전시 등을 위해 대여한 경우
3. 기관 내ㆍ외부인의 교육 등을 위해 공연ㆍ전시ㆍ프로그램 등 서비스를 구매하는 경우
4. 그 밖에 제1호에서 제3호까지의 기준에 상응하는 사항으로 해당 기관장이 승인하는 경우

제3조(우선구매 실적의 제출) 우선구매기관의 장은 영 제5조의2제4항에 따라 해당 회계연도의 창작물 전체 구매 실적과 함께 장애예술인 창작물의 우선구매 실적을 제출한다.

제4조(우선구매 실적의 공표) 문화체육관광부 장관은 우선구매기관의 장애예술인 창작물 우선구매를 촉진하고, 우선구매기관의 효율적 구매를 지원하기 위하여 우선구매기관의 구매실적을 공표할 수 있다.

제5조(장애예술인 창작물 기준) 영 제5조의2제3항의 "장애예술인 창작물" 기준은 다음 각 호의 어느 하나에 해당하는 것으로 한다.

1. 창작자가 장애예술인일 것. 다만, 공동창작자의 경우 100분의 50 이상이 장애예술인일 것
2. 창작물을 생산하거나 제작한 단체·법인의 대표자가 장애예술인일 것
3. 창작물의 연출, 감독, 지휘자, 극본·대본의 작가(국내 거주의 생존 작가에 한한다) 또는 전시기획자가 장애예술인일 것
4. 공연의 실연 또는 기술지원 인력, 초대작가의 100분의 30 이상이 장애예술인일 것
5. 그 밖에 제1호에서 제4호까지의 기준에 상응하는 창작물

부 칙
제1조(시행일) 이 고시는 공포한 날부터 시행한다.

제2조(재검토기한) 문화체육관광부 장관은 이 고시에 대하여 2023년 1월 1일 기준으로 매 3년이 되는 시점(매 3년째의 12월 31일까지를 말한다)마다 그 타당성을 검토하여 개선 등의 조치를 하여야 한다.

참고문헌

김주호 · 용호성(2005), 예술경영, 경기도: 김영사
김재필(2021), ESG혁명이 온다, 서울: 한스미디어
누스바움(2016), 강동혁, 혐오에서 인류애로, 서울: 뿌리와이파리
박광무(2011), 한국문화정책론, 경기도: 김영사
박정배 · 서영일(2009), 예술경영학개론, 서울: 커뮤니케이션북스
방귀희(2019), 장애인예술론, 서울: 솟대
이흥재(2005), 문화예술정책론, 서울: 박영사
장애예술인연구소(2023), 장애예술인 예술활동 증명제도 시행방안 연구, 서울: 솟대
장준환, 인텔렉추얼 비즈니스, 서울: 한스콘텐츠, 2020
Pavlina R. Tchemeva(2021), 전용복, 일자리보장(The Case for a Job Guarantee), 경기도: 진인진.

김수환 · 류승완(2022), 'ESG와 문화예술의 관계 및 이슈 분석', 『문화예술경영학연구』, 통권 29호, pp.53-73
한국장애학회(2022), "장애예술인의 욕구에 기반한 장애예술인지원법 시행방안 연구: 영국, 독일, 일본, 중국 장애예술인 지원 정책 비교연구"
'장애예술인 창작물 우선구매제도, 새로운 도약과 미래발전 방향', 국민의힘 김예지 의원 주최 간담회, 2023년 3월 23일

"공공기관이 원하는 중증장애인생산품 생산을 지원한다", 보건복지부 장애인정책국 장애인 자립기반과 보도자료(2023. 02. 15.)
"장애예술인 창작물 우선구매 3% 미달시 '부담금 부과' 필요-우선구매제도 시행 앞두고 간담회, 사각지대 해소 의견 쏟아져", 에이블뉴스, 2023년 3월 23일

2021년 장애예술인실태조사, 문화체육관광부
2020년 장애인실태조사, 보건복지부
2019년 장애인경제활동실태조사, 한국장애인고용공단 고용개발원
2018년 장애인문화예술활동실태조사, 문화체육관광부

「문학진흥법」
「예술인복지법률」
「장애예술인 문화예술활동 지원에 관한 법률」
「장애인고용촉 및 직업재활법 법률」
「중증장애인생산품 우선구매 특별법률」

한국장애인개발원 중증장애인생산품 꿈드래 홈페이지

DARC-2
장애예술인 창작물 우선구매제도 실행모델 연구

발 행 인 방귀희
주최/주관 장애인예술연구소
발 행 처 도서출판 솟대
발 행 일 2023년 10월 10일
주　　소 (08504) 서울시 금천구 서부샛길606, 대성지식산업센터 B동 2506-2호
전　　화 02-861-8848
팩　　스 02-861-8849
홈페이지 www.emiji.net
이 메 일 klah1990@daum.net
정　　가 9,000원

ISBN 978-89-85863-99-5 (93060)